キャリアカウンセリング

宮城まり子

駿河台出版社

目次

第一章
キャリアカウンセリングとは何か

第一節　キャリアとは何か

カウンセリングのなかでも近年とみに日本において注目と関心を集めているカウンセリングのひとつに「キャリアカウンセリング」がある。キャリアカウンセリングは歴史的にみれば、アメリカにおいてはカウンセリングの始まりの原点に位置付けられており、すでに約一〇〇年以上の長い歴史をもっているが、日本でキャリアカウンセリングとして本格的に関心をもたれてきたのは二十世紀末から近年にいたるごく最近のことである。こうした視点から日本における非常に新しい分野のカウンセリングとして各方面から注目を集めており、二十一世紀に最も期待されるカウンセリングのひとつといえる。

まず、キャリアカウンセリングの「キャリア」とは何かについて考えてみよう。日本ではキャリアに関する概念が統一されておらず、研究者や実践的に活動するカウンセラー、分野（学校、産業界など）によってもその捉えかたはさまざまな広がりをもっている。

一般に現在キャリアに関する定義としては①狭義のキャリア、②広義のキャリアのふたつがある。まずはじめに、キャリアの研究者の第一人者スーパー（Super, D. E）のキャリアの定義をみてみよう。彼は二十世紀半ば、キャリアとは「生涯において個人が占める一連の立場――ポジション――である」とし、「ある個人の職業生活の過程における一連の職業、職務、職位を示し、就職前と退職後に経験する立場を含むものである」とした。しかし、その後、スーパーはキャリア研究を重ね一九八〇年代に至り、キャリアを次のように再定義している。キャリアとは「生涯においてある個人が果たす一連の役割、およびその役割の組み合わせである」とした。そして、スーパーはここでいう「役割とは、子ども・学生・余暇人・市民・労働者・配偶者・家庭人（ホームメーカー）・親・年金生活者など、多くの人が生涯のなかで経験する役割・立場である」と述べ、キャリアの概念の枠組みを拡大している。

一般に狭義のキャリアは「職業、職務、職位、履歴、進路」を示す。すなわち職業、職務内容、職歴・経歴、またこれから進むべき進路・方向性であると捉えられている。そこには職業とそれに付随するさまざまな要素、経験、地位、取得した（または今後の方向性としての）資格、業績、学歴・学位、能力、技能・知識なども総合的に含み、キャリアを表している。

またいっぽう、広義のキャリアは「生涯・個人の人生とその生き方そのものと、その表現のしかた」であると考えられている。このように、近年ではキャリアの概念を「個人の人生・生き方とその表現法」であるとし、単なる職業・職務内容・進路にのみ留まらず幅広く全体的・統合的にライフ・キャリアを捉えるようになってきた。すなわち、ここでのキャリアとは単に職業・職務を意味するだけのものではなく、人生と深く関わる「人の生き方そのもの」であるという定義に拡大され、幅広い包括的、統合的概念に発展してきた。そして、キャリアはさまざまな要因と相互に深く関連しあいながら、個人の人生の過程において生涯変化し発達するものであると捉えられるようになってきた。

すなわち、キャリアの概念を単なる職業、職務、有給の組織内での仕事などに限定せず、ボランティアワーク、ライフワーク、家庭内での仕事、地域活動、趣味活動なども幅広く含めた概念に次第に広がってきているのである。そのため最近では「キャリア」という言葉の冒頭に「人生・生き方・個人の生活」を意味する「ライフ」をつけ、この二つを統合して「ライフキャリア」（Life Career）とよぶようになり、キャリアカウンセリングも「ライフキャリアカウンセリング」（Life Career Counseling）と二つの要素を統合して表現されるようになっている。

最近、「統合的な人生計画」（Integrated Life Planning）をライフキャリアの視点（仕事・学習・余暇・愛）から提唱するアメリカのハンセン（Hansen, L. S）は、キャリアの意味は単なる「職業、職務、進路」ではなく、「相互に作用しあい影響しあう人生のさまざまな役割を包括する概念」であり、キャリアプランやキャリアデザインを家庭・家族、教育・学習、余暇活動などに関する事柄から切り離して考えることは不可能であるといっている。また、仕事とプライベートライフのバランス「ワーク・ライフバランス」の必要を強調している。

つまり、今日、キャリアカウンセリングは、人生における職業・仕事の部分に主に焦点を当てるが、同時にその個人の生き方、生きがいをはじめとした「人生全般―統合された人生」を視野にいれたカウンセリングとして位置している。そして、現代のキャリアカウンセラーに求められるものは、単なる職業と進路指導、職業斡旋に関する知識、スキルだけではなく、人間とその人生に対する広範な知見、高度で深い見識が求められている。

第二節　キャリアカウンセリングとは何か

だれにとっても職業、職務・進路の選択はそう簡単には決められない重要事項であり、その根底に存在するのは、個人の「生き方・人生」「人生価値」の選択そのものともいえる。長い人生の過程は、まさにさまざまな多くの選択肢の中から何かを選びとる、「選択の連続」からなりたっており、人はこうした選択の岐路にたたされるたびに、迷いや葛藤、そして何らかの不安をともなうものである。

ましてや近年のような急激な社会経済環境の変化のなかで働く人々は、かって自ら立てた予定・計画どおり、すなわち「予定アイデンティティ」どおりに人生や職業生活を歩むことはなかなか困難である。それぞれのライフステージやおかれた状況に応じて、方向転換や新たな道の選択をせざるを得なくなるのが現代の労働事情である。

昨今のように、企業が雇用調整によるリストラ計画を大々的に発表するたびに、「明日はわが身か」と予期せぬ事態に見舞われることへの不安や恐れを感じない労働者はいないであろう。終身雇用制度が崩壊した結果、むしろ自分のキャリアの進路や方向性に関する選択肢が増えたことは一面では歓迎すべきことであるが、一方では選択肢が複数存在することは、選択・意思決定の過程に直面して、人々に新たな不安と葛藤を与えることになる。

繰り返すが、現代のような大きな時代の転換期においては誰にとっても若い時にデザインしたキャリアや、設定したキャリアゴールに計画通り到達することは非常に難しい。こうした「予定アイデンティティ」のままにライフキャリアを歩むことが困難な時代には、われわれはその時代の社会環境と自己のライフ、キャリアステージに合わせ、その都度柔軟にライフキャリアの設計図の見直しと変更をせざるをえないのである。こうしたライフキャリアに関する問題の解決支援のための有効なカウンセリングとして「キャリアカウンセリング」は存在する。

まず、その前に「カウンセリング」とは何かをみてみよう。カウンセリングとは、「何らかの適応上の問題に出会い、その解決や対応に困難を感じたとき、その解決に支援を必要とする個人（クライエント）とカウンセラーが面接をおこない、対話を通して言語的、非言語的コミュニケーションによって互いに影響を与え合い、問題の解決をはかる過程である」といえる。

次に、「キャリアカウンセリング」の定義をみてみよう。一九九一年アメリカのNCDA（National Career Development Association）はキャリアカウンセリングを次のように定義している。「個人がキャリアに関してもつ問題やコンフリクトの解決とともに、ライフキャリア上の役割と責任の明確化、キャリア計画、決定、その他のキャリア開発行動に関する問題解決を個人またはグループカウンセリングによって支援することである」。

このＮＣＤＡの定義にも見られるように、重要なポイントは、キャリアカウンセリングはただ単に「個人と仕事をマッチングさせる」ことによって、仕事をみつけるためだけに用いられるカウンセリングではない。ライフキャリアに関する悩みや問題を抱える人は、同時にさまざまな精神的な問題も抱え不安を感じ、悩み葛藤している。従って、キャリアカウンセリングにおいてはこうした「精神的ケア、心理的な問題解決のサポート」もカウンセリングの重要な一部分である。なぜなら、人は情緒的な問題解決によってもたらされる精神的安心感、安定感を持ちえてはじめて、自らの現実と将来を冷静、客観的に受け止めることができ、建設的に今後のライフキャリアの方向性へ目をむけることが可能になるからである。

したがって、キャリアカウンセリングは単なる職業斡旋・進学情報提供のための補助手段ではない。しかし、昨今キャリアカウンセリングの歴史の浅い日本では、キャリアカウンセリングはクライエントの心理的問題（落ち込み・不安・自信喪失など）に関するケア・サポートなどはまったく除外して、単なる職業情報の提供、職業紹介と斡旋、個人と仕事のマッチングに関する問題にのみ主に焦点を当て、これこそキャリアカウンセリングであると捉える傾向があるが、それは本来のキャリアカウンセリングとは異なっている。

先にも述べたように、キャリアに関する問題を抱えたクライエントはいずれも不安、葛藤など心理的な問題を同時に抱えており、その問題を除外したキャリアカウンセリングはありえない。キャリアの問題はある意味できわめて情緒的な問題であり、キャリアカウンセリング（キャリアに関する問題を主体的に扱う）とメンタルなカウンセリング（心理・情緒的な問題を主に扱う）の境界には、明確なはっきりした線引きはできず、キャリア問題とパーソナルな問題は双方が複雑に絡み合っており、キャリアカウンセリングにおいてパーソナルな問題をそこから完全に除外、切り離すことはできないのである。すなわち、この二つは連続線上にあり、キャリアに関する援助を行う場合にはこの二つをうまく統合させる必要がある。

しかし、ケースによってはキャリアに関する問題よりも、メンタルな問題が深刻で重く、まずはその治療に専念した方が後々効果的であると判断される場合には、専門家（精神科医、臨床心理士など）による心理治療をまず何よりも優先させることである。したがって、その診断、見立て（見極め）ができることも、キャリアカウンセラーの重要な仕事である。

また他に、キャリアの研究者であるハー（Herr, E. R）はキャリアカウンセリングについて次のように述べている。「クライエントとカウンセラーとのダイナミックで協力的な関係の中で生じる言語的なプロセスである。カウンセラーは多様な技法やプロセスのレパートリーを用いて、クライエントが自己理解や可能な選択肢に対する理解を深め、自らの責任のもと、よく考えた上でライフキャリアに関する意思決定ができるように援助することである」と述べている。

また、生徒・学生の進路指導では、「キャリアガイダンス」という言葉がキャリアカウンセリングとともによく使われるが、このキャリアガイダンスは「キャリアに関する指導、キャリア指導プログラム」であり、「個人が職業やキャリアを選び、準備し、就職し、その中で効果的に機能するように援助するプロセスである」(Brown et. all)。この指導と相談、すなわち「キャリアガイダンス」と「キャリアカウンセリング」はあたかも車の両輪のように一体となって並行して行われなければならず、キャリアカウンセリングを欠くガイダンスだけでは、充分な進路指導とはいえない。

また、進路指導学会ではキャリアカウンセラーを次のように定義している。「キャリアカウンセラーとは、生徒、成人のキャリアの方向づけや、進路の選択、決定を援助し、キャリア発達を促進することを専門領域とするカウンセラーである」。すなわち、進路指導学会では、キャリアカウンセラーとは「中学校や高等学校の生徒や大学生たちの進路選択や決定への援助、また職業人の生涯にわたるキャリア計画や転退職にともなう職業的適応問題の解決を助け、さらに最近では職業以外の役割行動、例えば、家庭人の役割やボランティアに見られる市民としての役割と職業的役割の調和、生涯学習や余暇活動などを含む全人的な役割を統合し、真に有意義な人生を送れるようなライフキャリア全体にわたる援助を行う活動の専門家である」としている。

こうした点より、キャリアカウンセリングの目的は、クライエントが意思決定過程に必要な能力を発達させ、自立的に行動し社会の中でより有能に機能できるように支援することであるといえるが、総合的にキャリアカウンセリングの機能とその目的をまとめると次のようになる。

① ライフキャリアに関する正しい自己理解を促す
② ライフキャリアデザイン・キャリアプランなどキャリア開発の支援を行う
③ 職業選択、キャリアの方向性の選択、意思決定の支援を行う
④ キャリア目標達成のための戦略策定の支援を行う
⑤ キャリアに関するさまざまな情報提供の支援を行う
⑥ よりよい適応、個人の発達の支援を行う
⑦ 動機づけ、自尊感情の維持と向上の支援を行う

渡辺哲雄の本

老いの風景
本当の今日が流れてゆく

定価 本体一、〇〇〇円＋税

人が人を看るということは生やさしくはない。ソーシャルワーカーの著者が経験を生かして描いた老いの風景80編

（平成11年8月刊）

続々　老いの風景
落日の海

定価 本体一、〇〇〇円＋税

連載十年を迎えたシリーズ第三弾。テーマは「老い」にとどまらず様々な人々の人生の断片を短編小説にした86編

（平成15年12月刊）

忙中漢話
漢字で開く心の扉

定価 本体一、〇〇〇円＋税

漢字一文字を題材に、心の扉を開く書き下ろしエッセー集。笑いの中にもホロッとさせる55編

（平成14年11月刊）

中日新聞社

⑧ キャリア不安・葛藤など情緒的問題解決の支援を行う

第三節　キャリアカウンセリングの歴史

アメリカにおける職業指導のはじまり

二十世紀のはじめアメリカのボストン職業局でショウ夫人により組織的な「職業指導運動」がはじまった。この運動は社会改革思想の立場から職業指導の必要性を説いたパーソンズ（Parsons, F）の考えを実践したものであった。パーソンズは失業している青少年のための「職業指導（Vocational Guidance）」の重要性を説き、その著書『職業の選択』の中で、職業指導について次のように述べている。職業指導の目的とは、①自分自身の適性、能力、興味、資源、限界、他の資源も含めた自分自身について明確に理解すること。②さまざまな職種に関して成功のための必須条件や利点と不利、保障、将来性などさまざまな点についての展望に関する情報・知識をもつこと。③この①と②の事実の関係性について合理的に推論すること。

パーソンズはこの上記③の機能をカウンセリングと考え、そこに「職業指導カウンセラー（Vocational Counselor）」という言葉を用いた。ここではまだ「キャリア」という言葉は用いられておらず、職業（Vocation）と表現されている。

パーソンズは彼の著書『職業の選択』の冒頭につぎのような職業選択の要点を述べている。

① 職業は手当たり次第に探すのではなく、選択することがよい

② 選択する時には、自分に正直、慎重に自己分析し、かつ指導を受けることが望ましい

③ 幅広く多くの職業分野を調べ、就きやすい職業や偶然みつけた仕事で妥協しないこと

④ 職業情報を有し研究している専門家の助言を受けることがのぞましい

⑤ 自己分析は紙に書き出すことが必要である

こうして一九一三年には「全米職業指導協会（National Vocational Guidance Association）」が結成された。現在ではこの協会は「キャリア開発協会（ＮＣＤＡ）」と称されている。この職業指導協会では、職業指導（Vocational）カウンセラーの能力の向上、訓練の標準を作成、倫理綱領の策定などを行いこの分野の発展に重要な役割を果

たしてきた。

当時、職業指導カウンセラー（Vocational Counselor）の役割はもっぱら心理診断テスト、職業・興味テストなど各種のテストを用いた診断（アセスメント）に重きをおいており、カウンセリングによる面接過程はあまり重視されていなかった。しかし、この時期に今日使用されているさまざまな心理検査や性格検査、興味関心検査など、アセスメントツールのほとんどができたといえる。そのため、この時代にはカウンセラーは、カウンセリングよりも主に心理テストを行い診断する「テスターの役割」を果たすことが重要であった。

また、アメリカでは一九二九年から一〇年間、経済不況にみまわれ、多くの失業者の就業支援が全国で重要課題になった。不況が深刻化する中でさまざまな方策が講じられ、こうした社会的な労働者支援活動がカウンセリングの発展をますます後押しすることになった。その後、第二次大戦が終わりを迎えた一九四五年頃には、母国アメリカに戦地からぞくぞくと帰還した多くの復員兵の就業が国家的緊急課題となり、ますます就業支援サービス機関を充実させることになったのである。

その後、ウイリアムソン（Willamson, E. G）は職業指導カウンセリング（Vocational Counseling）を展開し、特性因子論をもとに「特性・因子カウンセリング」を考え出した。そして、次第に職業相談を「ボケイショナル・カウンセリング」と呼ぶようになり、このウィリアムソンのカウンセリングを「特性因子論的カウンセリング」と呼んでいる。

こうしてガイダンスから始まりカウンセリングに次第に移行するなかで、求職活動に対するカウンセリングによる支援の目的として次の五つの項目があげられた。

① 自己理解を支援する
② 職業選択を支援する
③ キャリアプランを立てトレーニングが受けられるように支援する
④ 就職活動の支援をする
⑤ その後の進捗具合をフォローする

その頃、フロイトによる精神分析学が台頭し大きな波紋を投げかけたが、一方カール・ロジャーズ（Rogers, C）は『カウンセリングとサイコセラピー』を著し、それまでの特性因子論的カウンセリングや精神分析を「指示的療法」であると批判し、より受容的な「非指示的カウンセリング」を提唱した。その後、ロジャーズは「自己概念」を中心に理論化された「来談者中心カウンセリング」の技法を開発しカウンセリングの発展に重要な役割を果たした。

キャリアカウンセリングへの移行

こうした流れの中で、キャリア心理学のスーパー（Super, D. E.）は開発的カウンセリングの立場からカウンセリングの方法として、指示的対非指示的カウンセリングの方法をうまく折衷して「開発的カウンセリング」を提唱し、「循環的方法」を考え出した。そして、一九五〇年代から、スーパーらは「職業発達理論」の立場から職業成熟や進路決定を援助するカウンセリングを提唱し、次第に「職業（Vocation）」という言葉を拡大し、今日一般的に用いられている「キャリア」（Career）に置き変え、「ボケイショナル・カウンセリング」は「キャリアカウンセリング」と、この頃より称されるようになった。キャリアカウンセリングは単なる就業支援のカウンセリングから「全人格的なカウンセリング」へ移行し、そして同時にカウンセラーの専門職化が始まったのである。

その後一九七〇年代には、行動療法を問題解決や創造性開発にまで展開したクランボルツ（Krumboltz, J. D）によって「行動カウンセリング」が提唱される一方で、最近では「認知的アプローチ（論理療法・認知療法）」もキャリアカウンセリングのなかで非常に盛んに用いられるようになってきた。

その他に、キャリアカウンセリングの歴史における重要なできごととして一九七三年、アメリカは「職業教育法」を制定、高校における職業指導と職業カウンセリングの充実をはかった。またその後、一九九三年誕生のクリントン政権のもと、「学校から職業への機会法」が制定され、豊富な資金援助のもと就業活動支援を積極的に展開し、就業支援のための求職情報の提供を行うインターネットの開発にも大きな力を注いだ。そのサイトの種類としてはつぎのようなものがあげられる。America's Job Bank——求人情報サイト、America's Learning Exchange——教育・研修情報サイト、Career Info. Net——職業情報、全米の求職情報、企業の賃金情報のサイト、America's Talent Bank——自分のキャリアの登録とその掲載サイトなどである。

その後、地域の成人向け就業支援センターとして「ワン・ストップ・センター（One Stop Center）」が作られ、総合的な就業支援を行うサービス機関の充実が各地ではかられた。このセンターの支援内容は幅広く、失業中の人の補助金申請から訓練費用の受け取り、職業紹介まで就業に関することは何でも扱う便利なセンターとして機能した。

また、キャリアカウンセリングの「キャリア」という言葉は、一九五〇年代から一九六〇年代にかけて、ワークキャリアの概念として提起され、当初「キャリア＝職業・仕事」の意味に用いられたが、その後、次第に一九七〇年代から一九八〇年代には一般的な生活様式（ライフスタイル）をも含むようになり、仕事・余暇・学習・家庭・市民性などのさまざまな領域における「役割の統合」をはかることが重視されるようになり、現在では、「職業・職務上のキャリア」から、「人生・生き方を含むライフキャリア」の概念へと拡大されてきている。

このように、狭義の職業指導から始まったカウンセリング心理学もキャリア概念の拡大につれて、キャリアカウンセリングに発展し、カウンセリング心理学のすべての領域を含む展開を示しながら、カウンセリングの分野で今日ますます重要な位置をしめるようになってきている。

また、近年の情報技術の発達、「インターネット」の普及にともない、アメリカではキャリアカウンセリングは新たな段階に入ってきている。すなわち、インターネットを利用したキャリア情報収集、インターネット上でのカウンセラーとの相互通信、キャリアプラニングサービス、コンピュータによるセルフ・アセスメントなど豊富な情報をデータベースに、自宅においても簡単にアクセスすることができる時代になった。こうした情報技術の発達によって、従来のキャリアカウンセリングの方法やその技法は多様化されるとともに、プロセスがこれまで以上に簡便化され、非常に便利になってきたともいえる。

これまで概観してきたように、アメリカではキャリアガイダンス、キャリアカウンセリングは、不況による失業対策、戦後の復員兵の復職支援、世界各国からの移民にたいする就業支援など、もっぱら「社会的ニーズ」から始まった。その後、生徒・学生のための進路指導など学校場面にも広く展開し、今日では、個人の「キャリア開発支援」のみならず「人生とその生きかたを支援するカウンセリング」としても広がりをみせている。そして、キャリアカウンセリングはいまや世界各国で相談諸機関、企業・団体、学校などにおいて盛んに行われ活用されるカウンセリングへと発展し続けているのである。

日本における職業指導活動のはじまり

一方日本においては、労働行政の一環として、職業指導が行われるようになった。まず一九一七年東京に児童教養研究所、一九二〇年には大阪に少年職業相談所が設立され、一九二一年には東京の職業紹介所に少年相談部が設置され、職業指導活動が始まった。また、一九二三年には高等小学校においても職業指導がはじまったが、このように日本では、労働行政と学校教育においてほぼ同じ時期に職業指導がはじまり、いずれも青少年を対象としていた。このようにアメリカが社会問題や社会的ニーズに対応する形で開始されたことに比べ、日本においては社会や学校教育における職業指導の重要性を認識する中で開始された。

その後、職業指導は、学校において就職希望者のみならず進学希望の生徒も含め、全生徒を対象とする卒業後の進路を援助するために行われる教育活動の一つとなり、学校における職業指導は一九五七年より「進路指導」と呼ばれるようになった。

しかし、進学熱の急上昇により「進路指導」は内容的に就職指導よりも進学指導であるという誤解を次第に受けるようになり、今後の学校における進路指導の課題としては、就職指導と進学指導の両方をガイダンス活動として統合することが必要であろう。

また、成人向けの職業紹介、就業支援をおこなう、職業紹介所・ハローワーク、民間の職業紹介所などにおいては、職業斡旋の時に相談が行われ、個人のキャリア・適性・欲求と仕事のマッチングを行いながら、キャリアカウンセリングのような取り組みがずっと行われてきている。産業界ではバブル経済が破綻し、経済の低成長時代にはいり、かっての日本型雇用システムが崩壊し、社員の出向、転籍、リストラなどにより人員を削減するにあたり、こうした人々のアウトプレースメントを行うために、今後の仕事の選択、意思決定などのサポートを行うことの必要から、当初キャリアカウンセリングのような相談、支援がはじまった。こうした背景から、キャリアカウンセリングはアウトプレースメントのための相談、セカンドキャリア選択のカウンセリングであると誤解されつづけてきた所もある。その後、自立型社員の育成、市場価値の高いキャリアの開発・能力開発の必要性から、個人のキャリアデザインのサポート、自律的キャリア開発・形成のためのカウンセリングが産業界において盛んに行われるようになり、現在注目を浴びるカウンセリングのひとつに発展してきた。

第四節　キャリア開発とキャリアカウンセリングのニーズ

今なぜキャリアに関する問題がかってないほど取り上げられ、ライフキャリアカウンセリングに対するニーズがこれほど高まってきたのかについて、その背景に存在するキャリア開発ニーズなどについて三つの側面から考えてみる。

キャリア開発の社会的ニーズ

① 日本がかってない少子、高齢化時代を迎え人口構造の急激な変化がおきることが予測されている。ちなみに二〇二五年には六十五歳以上の人口が全体の二五%に達し、その結果四人に一人は六十五歳以上という超高齢社会になる。こうした高齢社会に向け今から高齢者の自助努力による個の自立と連帯が社会全体に求められる。そのためにはとくに若い世代のみならず、中高年者の能力開発・セカンドキャリア開発に積極的に取り組み、個人が生きがい、働きがいをそれぞれもつことにより個をさらに活性化し、それにともない超高齢社会全体を活性化しなければならない時代を迎えた。

② 経済環境の急激な変化によって、倒産、リストラ、早期退職などによる失業率がかってないほどにアップしたことなどから、失業者への就業支援を積極的に行わなければならなくなった。また仕事と労働者のミスマッチを少しでも防ぎ、適材適所を実現し、需給バランスをよくし、構造的ミスマッチによる失業率を低下させるためには、キャリアカウンセリング、キャリア開発支援が必要であること。

③　社会全体の少子化にともなう労働力の漸次減少のなかで、能力のある専門性の高い有能な若い労働者の育成と確保が必要であり、今後さらなる若年層のキャリア開発、人材育成が欠かせない。

④　少子化のなかではひとり一人の若者は社会の貴重な人材（人財）であり、こうした若い人財を育成するためには、生徒や学生に早くから自分の人生、生き方を考えさせる機会を与えることが必要である。そこで、学校教育におけるキャリアガイダンスのなかで、キャリア形成の重要性を自覚させ、キャリア意識を強化し、計画的にキャリア開発しながら、豊かな人生を送り、自己実現を果たせるよう、キャリアカウンセラーによるサポートが必要である。

⑤　昨今、人々の人生観・価値観の変化にともない労働観が多様化し、社会もそれらに対応する必要に迫られている。個人の就業形態、ワークモデルがかってないほどさまざまに分化し、選択肢も非常に増えた。そのなかで、労働者の就労形態は企業間を移動するフロー型への移行がみられ、こうした雇用の流動化により、人々の転職に対する認識も非常に肯定的になり、一企業を超えた転職を通してのキャリア形成が今後は増加していくことが予測される。また、臨時雇用や派遣社員の数も増大し、働き方の選択の機会が増えたことなどによりカウ

ンセリングによる支援が必要になった。

⑥ 女性労働者が社会のあらゆる分野に積極的に進出し、職場で重要な役割を果たすようになってきた。女性の能力をさらに開発、積極的に育成活用することによって、少子化にともなう労働力の減少をカバーするためには、こうした有能な女性労働者が働きやすい労働環境、条件を整備することと、そのための女性労働者への個人的支援、更なる女性の能力、キャリア開発が不可欠である。

キャリア開発の企業・組織ニーズ

① 企業・組織における人的資源管理（Human Resources Management）の視点より時代の変化に対応でき、市場価値の高い、キャリア競争力のある有能な人材育成・能力開発、キャリア開発が企業・組織の今後の生き残りと活性化の重要な鍵をにぎっている。

② 個と組織の共生、個と組織ニーズの統合努力を行い、組織における個人の自己実現を最大限可能にするための能力開発、キャリア開発を行い、個人を動機づけ活性化し生産性・成果をあげる。個の活性化を組織の活性化に連動させる。

③　企業・組織に依存せず自ら主体的、自律的にキャリア開発をおこなうことを側面から支援し、組織外の労働市場においても通用する高付加価値、競争力のある自立型の実力社員を育成、戦力化する。個人のキャリア形成の自律、自立の支援を行うことにより個人と企業が相互に「ＷＩＮ‐ＷＩＮの成果」がえられるよう「キャリア開発のパートナーシップ」をになう。

こうした視点から、キャリアカウンセリングによるアプローチが欠かせない。

キャリア開発の個人ニーズ

①　厳しい社会経済環境の急激な変化に柔軟に対応し、実力社会で自らの能力・実力を評価され、自らの雇用――エンプロイヤビリティ（employability）――を確保する（定年後も含め）ためには、若い時から常にキャリア意識をもち、自律的キャリア開発を行い自らの実力を磨き育て、広く労働市場における自己の高い付加価値、キャリア競争力を創造することが必要不可欠である。

②　ひとり一人が、キャリア開発、能力開発の意識を絶えずもち、自らの潜在能力

を引き出し顕在化させ、充実した仕事を通して人間としての自己成長をはかり、自己効力感をもち、自尊欲求を満たすことにより自己実現を果たす。

③ 職業選択は個人の「人生・生きかた」の選択でもある。働き方、生きかたの選択肢が増えたことにより、個人は選択・決定をその都度おこなわなければならなくなった。自分自身を最大限活かせる適切な選択をおこなうためには、能力開発・キャリア開発の視点からキャリアの方向性の決定、情報提供を初めとするサポートが必要である。

④ 長い人生八〇年時代において生涯発達をめざし、ライフキャリアデザインを行い、ライフステージ、キャリアステージの節目節目に見直し、若い時から積極的に能力開発、キャリア開発につとめ、働きがい・生きがいを自ら創造し、ワーク・ライフバランスを上手にとりながら心豊かな「クオリティー・オブ・ライフ（Quality of Life）」を心がける。

かって終身雇用が保障されていた時代には、働く人々はたとえ自律的にキャリア開発を行わなくても、所属する企業・組織におとなしく依存しそこからの指示・命令に素直に従っていれば、定年まで平穏無事にすごすことができた。そのため日本では自らのキャリア意識・キャリア開発計画と行動に欠ける「組織依存型」の労働者がほとんどであった。しかし、経済成長のかげりとともに雇用調整の荒波が一気に押し寄せ、終身雇用の不透明感が増すに従い、組織に依存せず「自立して生きる」ためにはいかにすべきかという命題が働く人々に等しく投げかけられたのである。

これまで自分のキャリアは会社が決めてくれるものと安穏と暮らしていた人々も、いつ自分も倒産・リストラの荒波に飲みこまれるか分からない不安な状況のなかで、「自分は何をしたいのか」「自分は何ができるのか」といった基本的命題を自らに問いかけ、自己の生き方、キャリア開発について真剣に考えざるをえなくなったというのが一般的実態であろう。

だが同時に、人々の価値観の多様化にともなって労働観、労働形態も多様化し、自分の労働観にみあった働き方を個人が選び取ることも可能になってきた。しかし、キャリア選択にあたり、選択肢が多く、選択の幅が広がるということは、かえって迷いや不安が生じる可能性が高まることも意味している。したがって、真の意味での自由な選択が可能になるためには、正しい自己理解、十分な情報収集、カウンセリングのサポートによる意思決定などが必要不可欠であろう。

こうした急激な社会環境、経済状況の変化にともなう人々の課題に対処していくことを支援する有効な手段の一つとなる「キャリアカウンセリング」は今後もさらにニーズが高まることが予測される。

第五節　キャリアカウンセリングの意味と重要性

いまや誰もが人生八〇年時代を迎えた。その人生もただ長いだけではなく、内容が充実していること、変化に富んだ豊かな人生であることが大切である。自分の家を建てる時には、自分の希望や計画にそってまず家の設計図を書く。設計図無しに行き当たりばったり家を建てることはありえない。

しかし、設計図に基づいて建てた家も人生の過程においては、設計図どおりには機能せずその都度設計変更も必要になってくる。すなわち、子どもが生まれれば、建て増しが必要になったり、老いた親との同居を考えるようになれば家の内部構造の手直しが必要になる、また子ども達が自立した後では、広い一戸建ては必要がなくなるかもしれない。

このように、人生を豊かな、意義あるものとするためには、個人は家を建てる時の設計図と同様に自らのライフキャリアの設計図、すなわちライフキャリアデザイン、ライフキャリアプランが必要である。しかし、すでに述べたように、ライフステージや社会環境の変化に応じて、いったん立てた自分のライフキャリアデザインも変更する必要にも迫られる。

ことにかってないほどの激しい時代の変革期に生きる現代は、ライフキャリアの長い道程に発生する多くの問題は、かって自分が経験したことがないような状況に遭遇することも多く、限られた自分の乏しい経験と情報からでは的確な判断ができず、問題解決に苦慮することが多い。このように、社会環境が大きく変化するにつれ、人々の価値観、興味・関心、欲求はそれに伴い変化し、そのたびに新たな問題とそれにより心理的葛藤が発生すると考えられる。

したがって、キャリアカウンセリングはまさにこうした時代の人々のニーズに的確に応えるカウンセリングであり、現在最も必要度の高い二一世紀のカウンセリングのひとつといえる。

フロムが指摘するように、時代は「have」から「be」（所有価値から存在価値）に移行してきた。すなわち、何を「持っている」（have）かといった物質的価値、物質的充足感よりも、人はその「存在と心のありよう」（be）- Well Being に価値を置くようになってきたのである。人々の「心の問題」が今日ほど真剣にとりあげられたことはなく、個人の長い人生における生き方、働き方（ライフキャリア）が問われている。

キャリアはその個人のアイデンティティ（自分とは何か）の核になる主要な要素であり、キャリアアイデンティティは個人の存在（be）を支えている。しかし、昨今のように企業が突然倒産したり、リストラを宣告されたり、また社内事情で技術者が思いもよらぬ事務職に配置転換されるような不測の事態が現実におきている。

このような状況下では、核となる自らのキャリアアイデンティティを突然喪失し、そのためアイデンティティが拡散し、危機（キャリアアクライシス）に陥る例も臨床的に多くみうけられる。「自分とは何か、何をする人なのか、何をしたいのか」などを自問しながら喪失感のなかで、彼らには若い時のように再び生き方、働き方の問い直しが必要とされる。

こうした激しい時代の変革期には誰もが不安と対峙しており、今後の自分のキャリアの行き先、方向性に対する確固たる自信、見通しがなく強い不安を抱えている。過去にもてはやされ、価値のあったキャリア、知識・スキルも瞬く間に陳腐化し、通用しなくなるスピード時代である。「このままで自分はいいのか」、「キャリアを維持するためにはどうしたらよいのか」、「こうした時代に生き残るためには新たにどのような知識・スキル、資格などを身につけることによって、自らの雇用を確保しなければならないのか」という問題は働く人々にとって共通の深刻な課題である。

しかし、それ以上に重要な本質的問題は「いったい自分は何がしたいのか。どうありたいのか」「何に価値をおいているのか」である。いざ自分に向き合い、問うてみた時、明確に答えられる人は少ない。したがって、キャリアカウンセリングはこの「自己理解からスタート」することが不可欠である。正しい自己理解なくしてキャリアデザインはできない、キャリアゴールの設定もできないといえる。すなわち、キャリアカウンセリングはこうした社会背景とそこで働くまた学ぶ人々の強いニーズに応えるものである。

今や個人と企業は「キャリア開発のパートナー」であり、個人がもてる能力を最大限開発、発揮し成果をあげることとは、個人と企業に互いの成長・発展を促し、共に得るところの多い「ＷＩＮ－ＷＩＮ」の結果が得られるであろう。こうした視点から、個人のキャリア開発、能力開発を進める過程では、「企業と個人はキャリア開発のパートナーシップ」を結び、効果的な結果を生み出す目的を互いに共有するよきパートナーでなければならない。

このように、現在キャリアカウンセリングは産業カウンセリングの中で非常に重要な役割を果たしている。また同時に、卒業後の進路を明確にし、今後のライフキャリア計画を行う生徒、学生にとっては、キャリアカウンセリングはスクールカウンセリングのなかでも重要な役割を担っている。

第二章

キャリアカウンセリングの理論

キャリアに関する理論は一九五〇年代初めにアメリカにおいて発表されるようになった。それらはキャリア開発や職業選択に関するものであり、当時のキャリア開発運動、キャリアカウンセリングの発展に大いに貢献するものであった。

キャリア理論は人間の発達段階に関連したもの、性格のタイプと関連させたもの、意思決定のしかたなどに関する理論などがある。

キャリアカウンセリングに関する理論を通して、キャリアとは何か、キャリアはどのように発達するのか、キャリアはどのような要因から構成されるのか、人はどのように意思決定しキャリアを選択するのか、キャリアカウンセリングにはどのようなアプローチ法があるのか、どのようなスキルやアセスメントツールがあるのかなどを知ることができる。

第一節　特性因子理論

一九〇九年、パーソンズ（Parsons, F）は『職業選択』を著し、「特性因子理論」（Trait and Factor Theory）を発表した。この「特性」とは個人の興味・適性・価値観・性格を意味し、「因子」とは、その職業・仕事が求める要件（仕事内容・必要能力など）

を意味している。

特性因子理論にもとづくカウンセリングでは、個人のもつ諸特性と職業・進路のもつ要件（因子）、すなわち「人と仕事をいかにマッチングさせるか」に主体をおいている。

この特性因子理論はつぎのような三つの仮説に基づいている。

① ひとり一人個人は必ず他の人とは異なる能力または特性をもっており、この能力・特性は測定可能である

② 人は自分の能力・特性と職業に求められるスキルが一致すればするほど、個人の仕事における満足度は高くなる

③ 人は自分の能力、特性に最も相応しい職業を選択する

これらの三つの仮説にもとづき、パーソンズは次のような三つのキャリアカウンセリングモデルを提唱した。

① ステップ1――自己分析――性格・適性・興味・関心・希望などに関する自己

理解を促す
② ステップ2――職業（職務）分析――仕事の内容・求められる能力などの分析と情報提供
③ ステップ3――理論的推論――合理的推論による人と仕事のマッチングを行う

当時、アメリカでは効率的人材活用法の研究が盛んに行われ、特性因子測定法として個人特性を診断する質問紙法、適性検査、性格検査、興味検査、能力検査などの測定法が開発された。当時は、このような各種の心理検査結果にもとづき人と仕事をマッチングすることにより、人を効率的に配置する方法がとられていた。また、この特性因子測定方法法は、高等学校、大学においても生徒・学生の就職のためのガイダンス、オリエンテーションにも活用されるようになった。

当時ミネソタ大学で学生の進路指導などを担当していたウィリアムソン（Williamson, E. G）は、これらの特性因子論にもとづく心理検査の結果は、学生生活全体の適応状態を改善するためのカウンセリングに有効であるとし、「学生相談」の基本的概念をつくり、次のような考えを示した。「個人のもつ仕事に関するスキル・能力と、それぞれの仕事が必要とするスキル・能力とをマッチングすることによって、よい職業選択や職業適応はもたらされる」。このようにウィリアムソンは、キャリアカウンセラーによるクライエントの特性理解の徹底とクライエントの合理的な現実認知を強調し、「人の個性や適性は開発され・発見され・測定される」という立場をとっている。こうして得られた個人のアセスメントの結果をカウンセリングに充分活用し、多くの情報をクライエントに提供することによって、カウンセリングにおいて合理的な意思決定を促すことができるとした。そして、ウィリアムソンは特性因子論にもとづくキャリアカウンセリングの具体的進めかたの手順と過程を次のように示している。

1　第一ステップ──分析段階……各種の心理検査を行う、クライエントの問題点を整理する
2　第二ステップ──統合段階……職業、労働情報を収集し統合する
3　第三ステップ──診断段階……問題点を並べ優先順位をつける
4　第四ステップ──予測段階……将来の見通し、行動予測をおこなう
5　第五ステップ──処置段階……カウンセリングを行い、助言・指導を行う
6　第六ステップ──観察段階……クライエントのフォローアップを行いその後の経過を見る

その後、この特性因子理論はロジャーズの非指示的療法に対し、指示的療法といわれ、またコンピュータの発達にともない因子分析法の数理統計的計算が可能になるにしたがって、キャリア心理学における学術的研究が活発におこなわれるようになった。そして行動科学的カウンセリング、認知的アプローチ（論理療法、認知療法）など新しいカウンセリングが出てくるまでは、こうした特性因子論にもとづいて「人と仕事をマッチングさせる」キャリアカウンセリングが主体であった。現在でも職場、学校などにおけるキャリアカウンセリングは基本的にはこの特性因子理論にもとづくものが多く、伝統的なキャリア選択をシステマチックな方法で行うこの立場の実際的有効性は今も高く評価されている。

しかし、この特性因子論にもとづくキャリアカウンセリングは、①指示的である。②カウンセラー中心であり、カウンセラーの技術に重点がおかれていること、カウンセラーが権威と責任をもちすぎる。③来談者の感情、態度やカウンセラーとの相互関係、協力関係が軽視されている。④テスト・検査依存型であること。⑤適性を固定的にみる傾向があることなどについてはさまざまな問題点や批判が存在している。

第二節　スーパーの理論

スーパー（Super, D. E）はアメリカにおいてキャリアに関する包括的理論をうちたて、最初の理論発表（一九五三年）から一九九四年に亡くなるまで約四〇年もの間精力的にキャリアに関する研究をおこない、数多くの論文や著書を発表しているキャリア理論の第一人者である。日本にもたびたび来日しキャリア形成の社会、文化要因を研究し、多くの業績を残した。

ライフステージとキャリア発達

まずスーパーはキャリア発達を人間の発達と関連づけて次のようなステージに分け、キャリアは単に青年期に選択され、決定され、それが変化せずそのまま維持されるのではなく、キャリアは生涯にわたって発達し変化すると述べ、ライフキャリアレインボーを発表した、（図—1）参照。

①　第一期：成長段階（〇歳から十四歳）

身体的発達、自己概念の形成を主とし、自己の興味、関心や能力に関する探求をおこなう発達段階。仕事に関する空想、欲求が高まり、職業世界への関心を寄せる時期。

② 第二期：探索段階（十五歳から二十四歳）

いろいろな分野の仕事があること、そのための必要条件を知り、自己の興味関心などにあわせ、ある特定の仕事に絞りこんでいく段階。

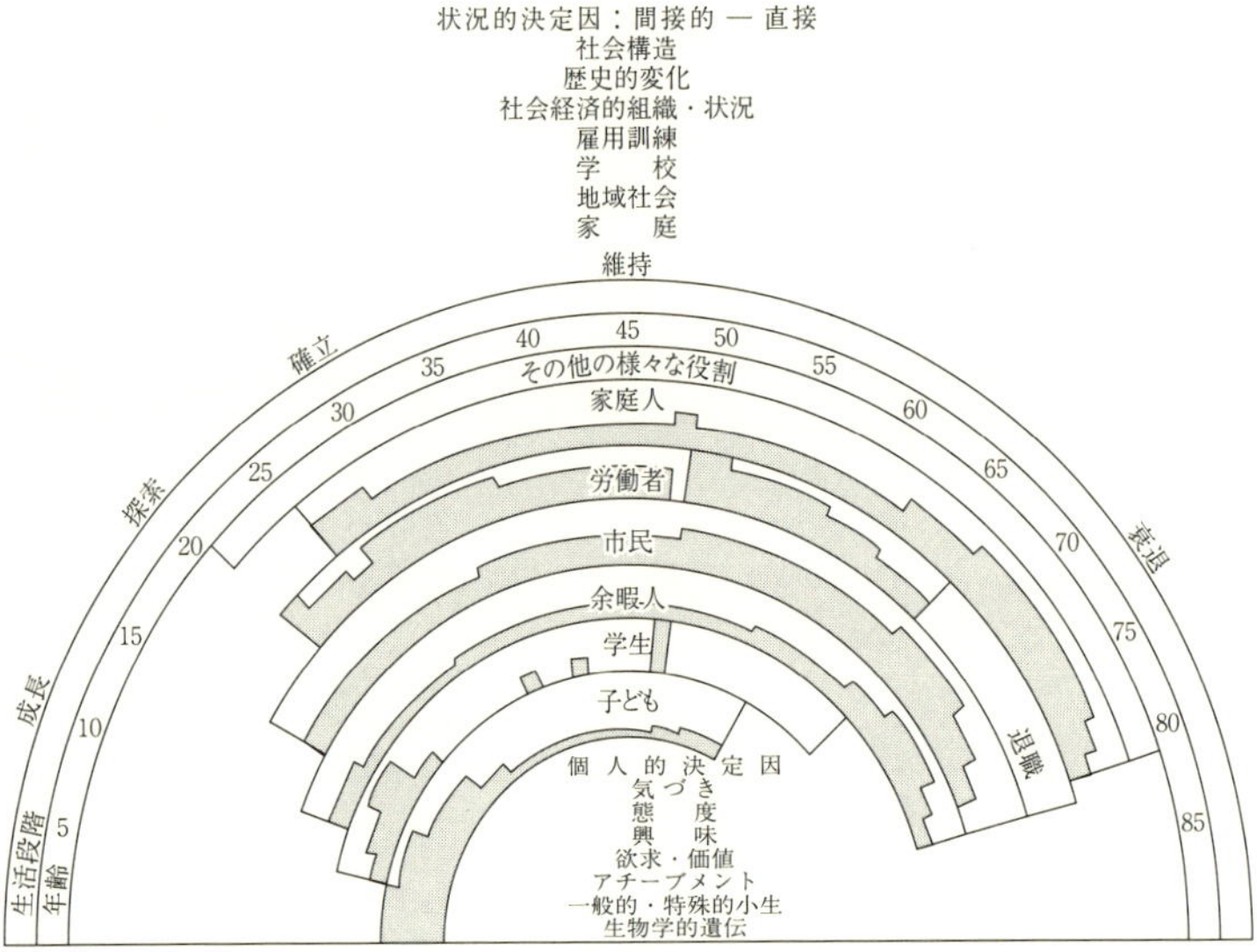

図 1．ライフ・キャリアの虹（Nevill & Super, 1986）

その仕事に必要な訓練を受け仕事につく段階。

③ 第三期：確立段階（二十五歳から四十四歳）
キャリアの初期の時期。特定の仕事に定着し、責任を果たし、生産性をあげその仕事に従事し、職業的専門性が高まり、昇進する。

④ 第四期：維持期（四十五歳から六十五歳）
確立した地位を維持し、さらに新たな知識やスキルを身につけその役割と責任を果たす時期。キャリア上の成功をはたすことができれば、自己実現の段階となる。この時期の最後には退職後のライフキャリア計画を立てる。

⑤ 第五期：衰退期（六十六歳以降）
有給の仕事から離脱し、新たなキャリアライフを始める。地域活動、趣味・余暇活動を楽しんだり、家族との交わりの時間を過ごす。

この理論を発表した一九五〇年代から一九六〇年代は、現在の社会労働事情とその背景が大きく異なる。そのためスーパーは後年時代の変化とともに新しいライフステージモデルについて、「成長期、探索期のあとに確立期を経て、しばらくして再びまた探索期に戻ってあらたな職業選択をおこない、その職業で維持期に達しないことも普通になるかもしれない」と述べている。

そして、スーパーはこうした「成長・探索・確立・維持・衰退」といったライフステージ上のキャリア発達の一連のサイクルをマキシサイクル（Maxi Cycle）と呼び、このサイクルはリサイクルするといっている。すなわち、転職、異動、定年など変化のたびに新たなミニサイクル（Mini Cycle）が発生し、その都度マキシサイクルのなかで小さなミニサイクル「新成長――新探索――新確立」が螺旋状に繰り返され、キャリアは次第に発達していくと述べている。

人生役割（ライフロール）

スーパーはキャリア発達とパーソナルな発達は互いに関連しあいながら発達するとし、キャリア発達は人生上における人生役割（ライフロール）との密接な相互関係からなるとし、それぞれの人生役割を重要視した。個人の各ライフステージ上の役割はキャリア選択、意思決定に関し非常に重要な意味をもっており、キャリアカウンセリングにおけるその意味は大きい。

これらの人生役割とは次にあげる九役割である。

①　子ども
②　学生
③　余暇人――余暇を楽しむ人
④　市民――地域活動など地域への貢献の役割
⑤　労働者
⑥　配偶者――妻・夫
⑦　家庭人（ホームメーカー）――自分の家庭を維持管理する
⑧　親
⑨　年金生活者

これらの人生役割を演じる「劇場」の舞台として、「家（家庭）、地域、学校、職場」をあげ、人はそれぞれ数個の人生役割を同時にいくつかの「劇場」で演じるものであるとした。また、人生役割は一生の間に変化し、その役割に費やす時間とエネルギーはその個人のライフステージによって異なるといっている。

例えば、女性が母親であり同時に職業人である場合に、子どもが幼く手がかかる時は、その両立に非常にエネルギーと時間を割くが、子どもが大きくなり自立するようになると親の役割に割く時間とエネルギーは格段に縮小する。反対に老親に対する子どもとしての役割が台頭する年齢にもなる。こうした人生役割をバランスよくうまく果たすことができ、かつ満足できる場合には、個人のライフキャリアは成功しているといえる。しかし、役割のコンビネーションや連携がうまくいかない場合には、役割を見直し、役割のバランスを変えるなどの調整が必要になるだろう。こうした人生上の役割に対する満足・不満足（成功・不成功）は、人々の心の安定・安心にもつながる場合と、また逆に大きなストレスとなる場合もある。

こうして、これらの役割は相互に影響しあい関連しあっているものであり、これらの役割のコンビネーションが個人のライフスタイルを形づくり、この連続的な役割構造がキャリアパターンであるとスーパーは述べている。

自己概念

自己概念とは自己像ともいわれ、「自分とは何か」「自分はどのような存在か」「自分はどうありたいのか」「自分はどのように自分自身をとらえているか」「自分を他者はどのようにとらえているのか」など自分自身に関してどのような捉え方、考え（認知構造）をもっているかという「自己イメージ」のことである。

この自己概念は幼少期から個人が家庭、学校、地域、その他の場、また大人になってからは職場などで周囲からどのようなフィードバック、評価を与えられてきたか、どのような具体的体験をしてきたのか、またその個人が生育した社会、文化などさまざまな要因によって、影響を受けながら、長期にわたって個人の内部で形成されるものである。

この自己概念、すなわち「自分自身をどのように捉えているか」には、高いものもあれば逆に低い場合もある。自己概念を大きく二分類すれば、肯定的な自己概念と、否定的な自己概念に分かれる。肯定的自己概念は、人を積極的に行動させるエネルギー源となり、適応や成長を促し、次のステップへ意欲的に挑戦することを動機づける。しかし、反対に否定的自己概念を有する場合には、自分に自信がなく自尊感情も低く、行動は消極的で意欲的ではなくなる。

このように自己概念が低く否定的な場合には職業選択も不適切であったり、不満足な結果を生み出すことが多い。しかし、こうした自己概念は現実によく合致している正確なものもあれば、そうではなく不正確で非現実的な誤った認知から生じる歪んだ自己概念の場合もある。

スーパーはこの自己概念のうち職業に関するものを「職業的自己概念」と呼び、この自己概念の形成要因を示しながら、「職業的自己概念」は職業選択を通して実現するものであるとしている。キャリアカウンセリングにおいては、クライエントの自己概念が非常に重要な鍵をにぎっているため、カウンセラーはクライエントがどのような自己概念を持っており、「自分をどのようにとらえているのか」自己認知のしかたを正しく理解することが必要である。

キャリアの形成要因（キャリアのアーチ・モデル）

キャリアはどのように形成され決定されるのかについて、スーパーは晩年の一九九〇年に初期に発表した「ライフキャリアレインボー」を改定し、「アーチモデル」を発表した。そして、キャリアのさまざまな規定要因をアーチ上に示した、（図―2）参照。

このアーチの構造を見ると、「自己」「自己概念」がアーチの上部の中心に据えられており、いかにスーパーが「自己概念」をキャリア開発とその形成において、最も重要な要素としたかがうかがわれる。このアーチではキャリア規定要因を左右に大きく二分類している。それらは①個人的要因（心理学的特性）――アーチの左の柱。②社会環境的要因（社会・経済状況）――アーチの右の柱である。個人的要因にはその個人特性として欲求、価値、興味、知性、適性、才能などがあげられ、それを総合的に

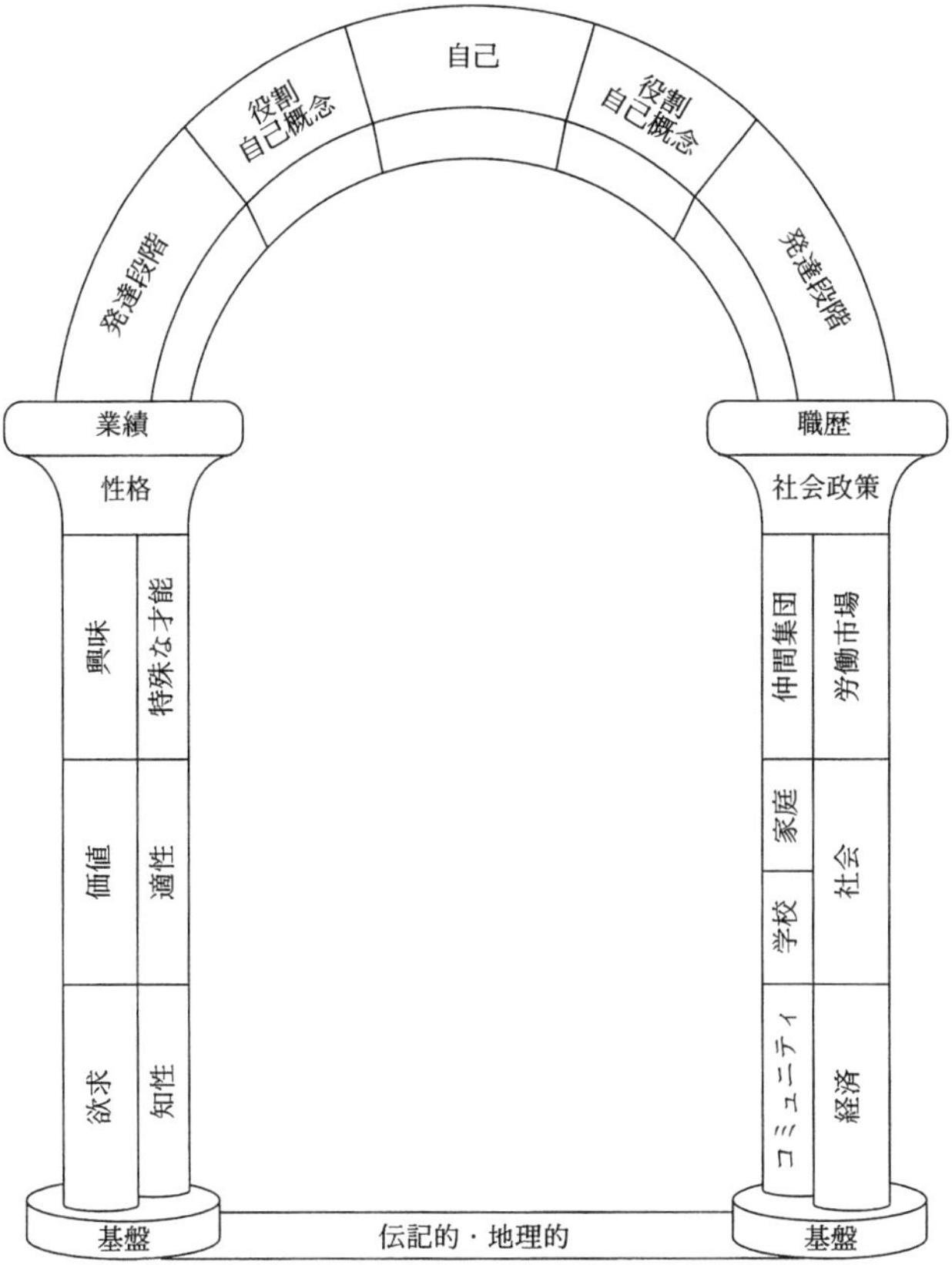

（出所） The archway of career determinants.（From "A Life-Span, Life-Space Approach to Career Development" by Donald E. Super（1990）. In D. Brown, L. Brooks, and Associates, *Career Choice and Development: Applying Contemporary Theories to Practice*, 2 nd ed., p. 200. Copyright 1990 by Jossey-Bass. Reprinted by permission.）

図2．アーチモデル（Super, D. E.）

統合したものとして性格、業績をあげている。一方右側の社会環境的要因は、個人の力では変えられない外的要因であり、社会政策、文化、経済、労働市場、家庭、学校、地域、仲間、職歴などである。

左右に分かれたこれらの二本のアーチの柱に支えられた中央に自己、その両側には役割、自己概念、発達段階（ライフステージ）が示されており、キャリアはこうした要因が総合的に統合されて開発される。すなわち内的個人特性と外的な社会特性によって形成される自己概念により、キャリアは規定され形成されるとスーパーは述べている。

そして、スーパーはキャリア開発は最初のキャリア選択を行う青年期後期で終わるものではなく、人間の一生を通じて各種の役割を同時に果たしながら変化し、キャリアは個人特性とその人が置かれている社会環境との相互作用のなかでダイナミックに発達、形成されるものであるとした。

第三節　ホランドの理論

ホランド（Holland, J. L）は人の性格を六つの基本的タイプに分け、その六つのタイプを六角形上にあらわしそれぞれの関係性を明らかにしながら、キャリア形成は個人の性格と仕事環境との相互作用の結果からなされるとした。

ホランドは個人は自分の性格特性と一致するような社会的環境で仕事をすることによって、より安定した職業選択をすることができ、高い職業的満足を得ることができると考えた。すなわち、ホランドは特定の職業環境にいる人は類似した性格特性と性格形成過程を示すことが多いと考え、人は自分が選択した好みの典型的方向づけを満たすキャリアを選ぶと考えた。

六つの性格タイプ

① 現実的タイプ（R＝Realistic）

物、道具、機械、などをあつかうことを好み、明確で秩序的、組織的な操作をともなう活動を好む。手先が器用であり、組立、修理にかかわる職業を好み、手作業、機械作業、農作業、電気関係、技術関係の仕事に向き、それらのスキルを伸ばし、実践的キャリアをつむタイプである。

② 研究的タイプ（I＝Investigative）

数学、物理、生物学などに興味関心があり、それらの能力を伸ばし、好奇心が強く学究肌で自立的であり、独立志向が強い。事象の観察、言語的記述、定型的研究、創造的研究などの活動を好む。物事を分析し、自分の意見を明確にもち表明する。科学や、医学などの分野の職業を好む。

③ 芸術的タイプ（A＝Artistic）

創造的で慣習にとらわれず、繊細で感受性が強く、独創的で発想が豊かで自由である。創造的な才能を活かせる職業を好み、言語、音楽、美術、演劇などに関係する能力を有している。

④ 社会的タイプ（S＝Social）

社会的活動に熱心で、対人関係を大切にし友好的であり、人を教育する、人を援助する、伝えることなどに関係する活動を好む。コミュニケーション能力に優れている。教育関係の仕事、カウンセリング、看護、保育などの職業を好む。

⑤ 企業的タイプ（E＝Enterprising）

リーダーシップをとり人を導いたり、組織目標を達成したり、経済的利益を目的とした活動を好む。リーダーシップ、説得力など人と仕事をする場合に必要とされるスキルを伸ばす。人の管理、ものの販売、営業などに関係する職業を好む。

外向的、精力的で目標達成に向けて野心的である。

⑥　慣習的タイプ（C＝Conventional）

データを始めとする情報を、具体的・秩序的・体系的にまとめ、整理する活動を好む。データ処理・管理、ファイリング、情報処理機器の操作などおこなう仕事を好む。責任感があり、緻密で、信頼できるタイプ。

六つの環境モデルと適性のある職業

次に、ホランドは個人のキャリア選択は個人の性格特性と仕事の環境との相互作用の結果から行われるとし、次のような六つの環境モデルを示している。

①　現実的環境――物、道具、機械などにしたがって組織的に操作することが多い環境→水道・ガスなどの鉛管工、飛行機のエンジニア、電気エンジニア機械操縦、カメラマン、製図者などその他のサービス業

②　研究的環境――生物的、物理的、文化的事象を観察し、組織的に創造的な研究を行う環境→科学者、物理学者、数学者など科学者が多い、技術専門家として

図書館の館員、技師、コンピュータのプログラマー、電気技師など

③ 芸術的環境――自由で、不明瞭な、非組織的活動をおこなったり、芸術的な形や作品を創造する能力をもとめられる環境→画家、アーチスト、デザイナー、音楽家、編集者、評論家、ライターなど

④ 社会的環境――(社会において他者に働きかけをする環境で、援助・支援、訓練、広報、治療などの活動を行う)教育関連では教師、学校の事務職員、社会福祉関連では、ソーシャルワーカー、カウンセラー、看護婦など

⑤ 企業的環境――(組織が設定した組織目標、個人的な興味から生まれる個人目標が達成するよう、他者をうごかすような環境)人事部、営業部など企業の管理職、保険・不動産・車などのセールス

⑥ 慣習的環境――(コンピュータによる情報処理など明確で規律ある順序だった仕事を要求される環境)事務処理の仕事→秘書、経理、電話オペレーター、キーパンチャー、受け付けなど

各タイプの相互関係――スリー・レター・コード(Three Letter Code)

ホランドは、大多数の人は現実的・研究的・芸術的・社会的・慣習的の六つのタイ

プに分かれるとしたが、人はそれぞれが独自のコードをもち、それらは六つのタイプのうち三つの頭文字（Three Letter Code）を合わせたもので、これらは簡単に性格を説明するものであること、また、環境も同様に同じ六つのタイプの組み合わせで説明ができるとした。

人は自分のコードに関連した活動を行うことを望み、活動するものであり、自分のコードが表すものは、自分の興味や能力を発揮し、価値観を満たそうとするものである。そして、自分の性格コードと職業コードがマッチしていれば、自分の職業に満足と安定を感じ、成果をあげ、社会に対する貢献度も高まると説明している。

人を三つの性格タイプで表したものをスリー・レター・コード（Three Letter Code）という。（例：①I—S—E……研究的・社会的・企業的、例：②R—I—A……現実的・研究的・芸術的）このスリー・レター・コードに関してホランドは次のように述べている。どれかひとつが強く、あと二つのタイプはそれに比べて弱い。ただし、人によっては興味や能力のパターンが均一で、いずれの性格タイプでもないという場合もあるとしている。

ホランドが分類した六つのタイプは（図—3）のようになるが、六角形の周りに時計回りで順番に、I—A—S—E—C—Rと配置される。この六つの性格タイプの相互関係に関してホランドは「ホランドタイプの一貫性」としてつぎのように述べている。

① 六角形上で隣り合っている性格タイプや職務は、距離が近いほど心理的類似性が高い。例えば、隣り合っているコードとはつぎの通りである。現実的タイプは研究的、および慣習的タイプと最も類似性が高く、ちなみに社会的タイプとは最も類似性が低い。類似性が高いタイプは次の通りである。
RI、IR、IA、AI、AS、SA、SE、ES、EC、CE、CR、RC
これらのコードを一貫性のあるコードといい、コードの初めの二文字がこれらの場合には、その人の興味や能力は一貫性が高く、したがって、その人は内的に安定感があり、仕事を見つけやすいと考えられている。

② 六角形の対角線上にある性格タイプや職業は最も異なっており、RS、SR、CA、AC、EI、IEで始まるタイプコードは一貫性のないコードといわれている。コードの初めの二文字の特性が異なるコードを持つ人の興味や能力は一貫性がない。こうした人々は発達過程において、さまざまに異なる経験と環境的影響を周囲から受けてきたと考えられる。彼らは全く異なる興味や能力を

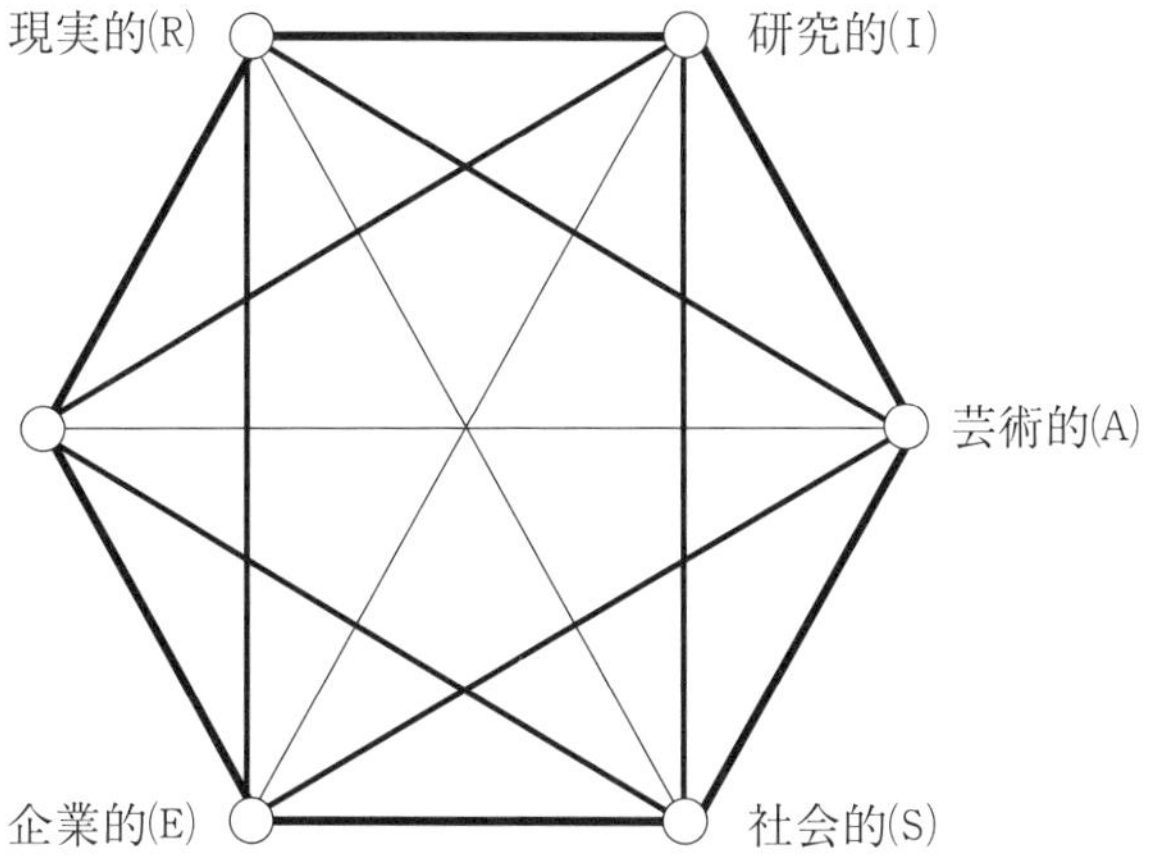

類似性の程度		性格パターン
━━━━	強い	RI, RC, IR, IA, AI, AS, SA, SE, ES, EC, CE
────	中間	RA, RE, IS, IC, AR, AE, SI, SC, EA, ER, CS, CI
――――	弱い	RS, IE, AC, SR, EI, CA

The relationships among Holland types. (Adapted from Holland's Hexagon, ACT Research Report No. 29. by J. L. Holland, D. R. Whitney, N. S. Cole, and Jr. Copyright ⓒ 1969 The American College Testing Program. Reprinted by permission.)

図3. ホランドの六角形

どのように仕事に活かすかが問題であり、内部に葛藤が存在することが推測される。また、六角形の対角線上にある職業は、それぞれまったく異なる能力を必要とするため、適した仕事をみつけるのは難しいと考えられている。

③六角形の頂点をひとつはさんで隣り合う性格タイプや職業は①の隣り合っているもの。②の対角線上にあるものなどとの中間的な関係にあるものである。コードの最初の文字は、ＲＡ、ＡＲ、ＩＳ、ＳＩ、ＡＥ、ＥＡ、ＳＣ、ＣＳ、ＥＲ、ＲＥ、ＣＩ、ＩＣである。このような二つの頭文字であらわされるコードを持つ人は方向性がある程度異なる興味、関心をもっているが、仕事のなかでこれらの特性をうまく組み合わせていけるものと考えられている。

このように、各タイプの相関やタイプ間の類似性は、タイプ間の距離に反比例する。つまり、二つのタイプの間の距離が短くなればなるほど、その二つのタイプの類似性は高まる。

また、相互の距離が離れるほど類似性は低くなり、異なるタイプであるといえる。例えば、企業的タイプと研究的タイプは距離が離れており類似性は低い。また、企業的タイプと現実的タイプは中程度の類似性をもっており、社会的タイプとはより近い類似性を持っていることになる。

このスリー・レター・コードの判定は、アセスメントツールの簡単な質問紙によって診断できる。またはキャリアカウンセラーが詳しくそれぞれのタイプの特徴を説明し、カウンセラーと一緒にクライエント本人に自己診断させることも可能である。このように、クライエントのコードを判定することによって、最も適した職業分野、第二番目に適した分野、最も不適切な職業分野を知ることができ、クライエントの今後のキャリア選択の方向性が明確になると同時に、現在の仕事に満足できず、原因を明らかにしたい場合などにも活用することができる。

キャリア選択を行うためには、まず何よりも職業を理解することが必要であり、どのような職業が世の中にあり、それらの相互関係はどうかなどその全体像を幅広く理解することが必要である。そこで、ホランドは職業分類辞典（Dictionary of Occupation Titles――DOT）を作り、さまざまな職業分類とそれに対応するホランドの性格コードの分類（スリー・レター・コード）とのマッチングを行っている。

DOTによれば、たとえば、銀行の出納係のスリー・レター・コードは、C―S―Eであるとしている。すなわち、C―S―Eコードとは、C――Conventional 慣習的タイプ、S――Social 社会的タイプ、E――Enterprise で企業的タイプの三つからなる性格コードである。したがって、もし出納係りの採用を行う場合、もっとも出納係りに相応しいスリー・レター・コードを持つ人を選び採用すればよいことになる。C—S—Eタイプを採用するならば、最も成果をあげ仕事に満足を見出すであろうとホランドは考えた。

ワークタスク・ディメンジョン（Work Task Dimension）

その後、プレディガーはホランドの研究を継承し、ホランドの理論をベースに、ホランドの六角形の基礎をなしているのは、四つのワークタスク・ディメンジョンであるとし、すべての職業の基礎はこの四つの分野に存在するとした。すなわち、それらは①データ、②アイディア、③人間、④もの、であるとした。それらの詳しい内容は次の通りである。

① データ……事実・記録などのデータ活動であり、会計、購買に関わる仕事、航空管制官などがあげられる

② アイディア……創作、発見、解釈など新しい方法で抽象的概念、理論、知識などを表現し、アイディア的活動を行う。科学者、音楽家、哲学

③　人間……人間に対応する行動であり、援助、奉仕、説得、動機付ける、教えるなど対人的活動をさす、教員、看護婦、販売員など者など

④　もの……機械、道具、修理、輸送、生産などの対物的活動、職人、農民、技師など

これらの四つを二つの次元にまとめたものが（図―4）（ワークタスク・ディメンジョン）である。「データ対アイディア」「人間対もの」の二次元である。それぞれは相反するものであり、反対に位置する仕事を人は好まないと考えた。しかし、仕事は一つのワークタスクから成り立っているものではなく、「人間とデータ」、「デ

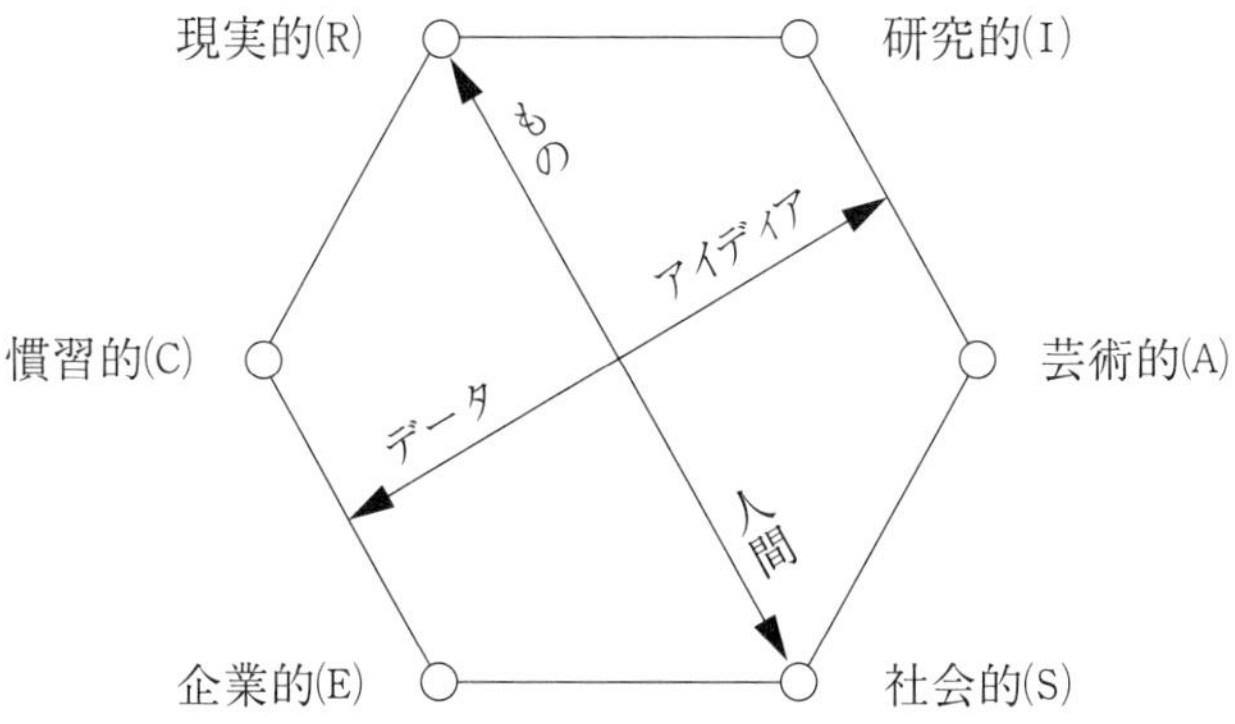

図4．ホランドのワークタスク・ディメンジョン

ータともの」「ものとアイディア」など隣り合ったワークタスクが組み合わさってい
る。また、この二次元のうち正反対のタスクが組み合わさったものはほとんどないと
考えられる。

ワールド・オブ・ワークマップ（World of Work Map）

四つの「ワーク・タスク・ディメンジョン」（Work Task Dimension）とその組み合わせを活用するためにワールド・オブ・ワークマップ（World of Work Map）が作られた。このマップは個人の性格特性を扱うのではなく、職業を体系付けるためのものである。（図—5）のように、四つのワーク・タスク・ディメンジョンとその組み合わせを円の周囲に配置し、六つのキャリア・グループに分類した。

すなわち、六つのキャリア・グループを、①社会的サービス②管理ビジネス③習慣的ビジネス④技術⑤科学⑥芸術とし、これらにホランドの六タイプと四つのワーク・タスクをそれぞれ組み合わせた。組み合わせは次の通りである。

① 社会的サービス……Sタイプ――人間
② 管理ビジネス……Eタイプ――人間とデータ

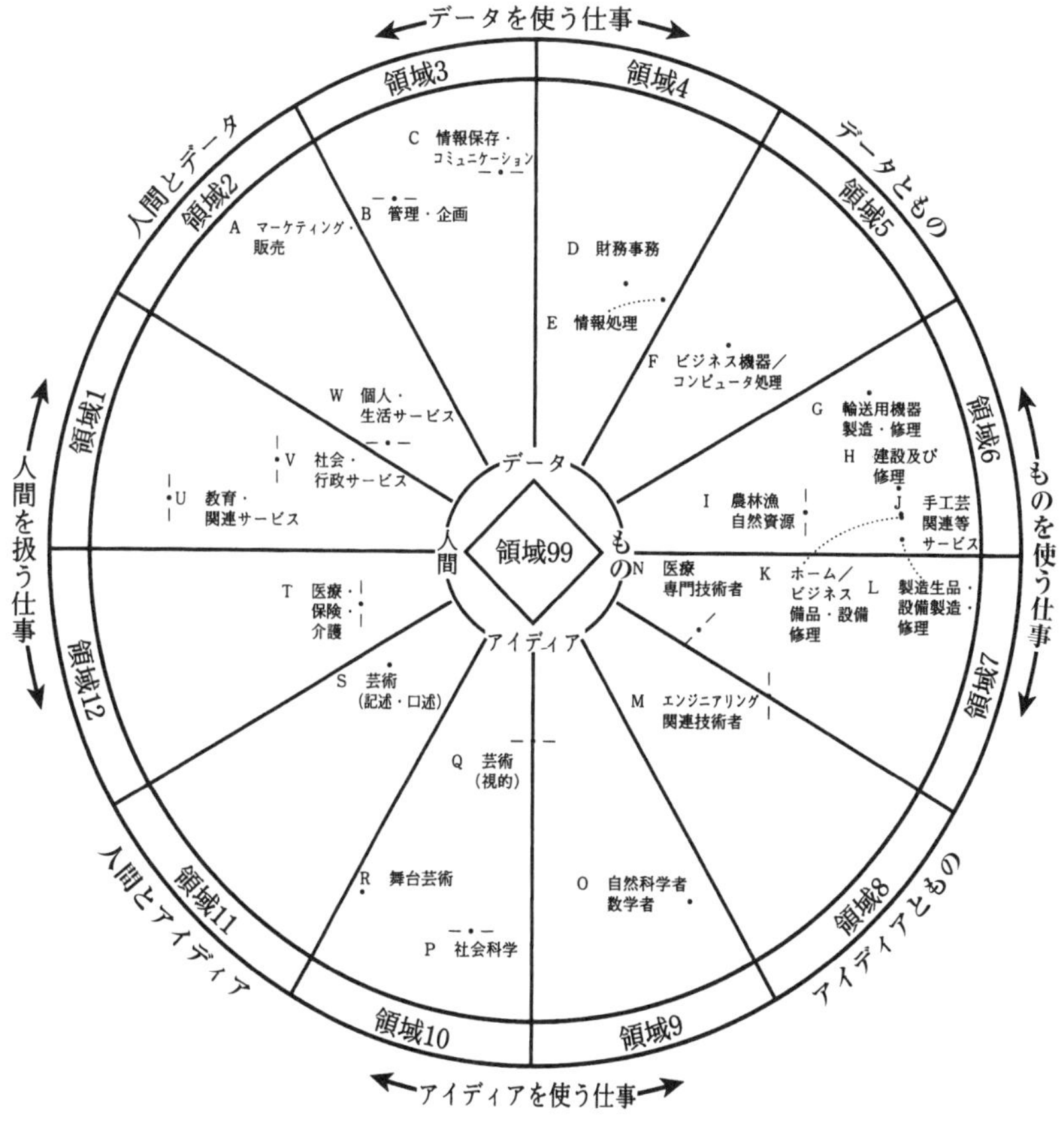

図5．ワールド・オブ・ワークマップ（学生・成人用'DISCOVER' マニュアルによる）（日本労働研究機構、1992）

③ 慣習的ビジネス……Cタイプ――データともの
④ 技術……Rタイプ――もの
⑤ 科学……Iタイプ――ものとアイディア
⑥ 芸術……Aタイプ――アイディアと人間

その後、プレディガーは各キャリアグループをさらにワーク・タスク・ディメンジョンが似ている同士を分類し、「ジョブファミリー」とした。このジョブファミリーは、仕事に対する「データ、人間、もの、アイディア」の割合が似ている職業同士で分類されたものである。ここから二三のジョブファミリーができ、それぞれマップ上の適切な位置に配置されている。

自分の関心のあるマップ上の職業をとりあげ、その外周をながめれば、その職業がどのキャリア分野に属し、どのような分野のタスクを扱うかが、マップ上からわかるようになっている。したがって、転職を希望したり、異動したい場合には、マップを見ながら、クライエントの興味・関心、能力にあったキャリア・グループやジョブ・ファミリーに含まれる範囲にクライエントのポジションを置くようにし、キャリアの方向性を定めたり、明らかにすることができる。

第四節　クランボルツの理論

クランボルツ（Krumboltz, J. D.）は、カリフォルニア州にあるスタンフォード大学において教鞭をとる教授であり、キャリア開発と職業選択に関する社会学習理論（Social Learning Theory）を研究し発表している。

彼は、キャリア開発における学習過程に焦点をあて「キャリア開発は学習プロセスの結果である」とし、どのように人は学習するのか、その学習プロセスの理解をキャリアカウンセリング、キャリアプラニングにどのように生かすかについて研究した。そのなかでクランボルツはこの学習プロセスは、周囲からの「プラスの強化」、「マイナスの強化」によってなりたっていると述べている。

クランボルツは行動的アプローチと認知的アプローチを基礎とした、キャリアの意思決定を提唱した。彼は個人の①遺伝的要素、②環境的要因、③学習経験と課題アプローチ・スキルの重要性を強調し、キャリアカウンセリングの基礎手法として①強化、②ロール・モデル、③シミュレーションを提唱した。

クランボルツの基本的理論

クランボルツの社会学習理論には次のような四つの要素が含まれているが、この四つの要素はキャリア開発と職業選択に影響を与える主要なものとして取り上げられている。

それらは、

① 遺伝的要素と特殊な能力――先天的資質
② 環境条件やそこでのできごと
③ 学習経験
④ 課題に対するアプローチ・スキル

①の遺伝的要素と特殊な能力――先天的資質――人はそれぞれ生まれながらにその人特有の特性、特殊な能力、才能など先天的、遺伝的な特徴をもっている。それらは人種、性別、身体的特徴、知能、音楽などの芸術、運動能力である。こうした生まれながらの資質は職業選択やキャリア形成に影響を与えるが、これらは人の内部にあり、自分自身ではほとんど変えることができず、コントロールすることには限界がある。

②　環境条件やそこでのできごと――自分が置かれている環境条件、すなわちその時代の社会状況。気候条件、地理的条件、文化、教育環境、労働環境などは、自分では変えることはできない。これらは同様に職業選択やキャリア形成に影響をあたえる要因である。

③　学習経験――キャリア決定はその人のさまざまな過去の学習経験から影響をうけるとし、学習を二つのタイプ、道具的学習と連合的学習に分けた。道具的学習は、人が環境に働きかけた時、ある結果を得ることによって生じる学習である。こうした先行条件のもとで人は行動し、その結果に対し周囲からフィードバックをうける。それがプラスのフィードバック（プラスの強化）の場合には、引き続きその行動、その意思決定プロセスをつづける。しかし、反対にマイナスのフィードバック（マイナスの強化）の場合にはその行動を取りやめたり、意思決定プロセスを放棄してしまうこともある。

また一方、連合的学習は人が外部刺激に対して反応し、二つの現象が結びつくことによって生じる学習である。連合学習の例としては次のような例があげられるだろう。ある学生が英語のスピーチコンテストに出場して、見事一等賞をとったことにより、イギリスへの三週間の語学研修の特典を得たが、このことにより以来こうした自分の優れた英語力を生かせる職業につきたいと考えるようになった、などは連合的学習のよい例である。

このように人がプラスの強化を受けることによって、特定の職業分野の興味を強めることができるならば、クライエントの学習経験を前もって計画することは可能になる。すなわち、具体的な学習経験を通して、プラスのフィードバックを与えられることによって、クライエントがその職業分野にさらに興味関心をいだき、その分野で働くことへの意思決定を強化することができると考えるからである。

④ 課題アプローチスキル――これは課題解決に対するアプローチ、意思決定のスキルを示す。目標の設定、価値の分析、代替案の策定、それらの優先順位をつける、必要な職業情報を収集する、選択を行うなどのアプローチスキルである。これらは課題解決、意思決定を上手に行うためのスキルであり、これらは遺伝的要素、環境的要因、これまでの学習経験などによって形成される。クランボルツの社会学習理論ではこの課題アプローチスキルを重視している。

キャリアカウンセリングプロセスと意思決定モデル

そして、クランボルツは課題アプローチスキルとその意思決定モデルを次のような七つの段階に分けている。

第一段階――これから解決すべき課題・問題は何かを明確にし、具体的な言葉で表す、その上で選択可能な選択肢をあげる

第二段階――課題解決を行うためにはどうしたらよいか、具体的な行動計画を立てる、具体的なステップと各段階での達成基準、期限などを明らかにする

第三段階――課題解決において、その根本にある価値、大切にしたい価値基準を明らかにし、選択をすることによって得られる重要なものは何かを明確にする

第四段階――その他に考えうる代替案を作る、この代替案は大切にしたい価値、能力、興味・関心に基づいて作成する

第五段階――今後予測される結果を考える、第四段階で作った代替案のひとつひとつの予測される結果について考える

第六段階――必要な情報をさらに収集し、情報を整理し多角的に代替案を絞り込んでいく

第七段階——絞り込み決定された代替案を実行に移し、具体的に行動する

社会的学習理論にもとづく行動科学的カウンセリングの基本手法

① 強化を与える

クランボルツの社会的学習理論にもとづくキャリアカウンセリングでは、その学習過程において、プラスの強化を与えることによって、学習は促進されると考える。すなわち、課題が達成されたり、達成に向け努力している場合には積極的に認める、誉めること（プラスの強化）により学習は促進され、さらに能力は向上する。したがって、プラスの強化の効果と同じように、マイナスの強化の効果に対する理解も必要である。

② ロール・モデルを演じる

カウンセリングにおいてカウンセラーがロール・モデルを演じ、キャリアの意思決定、キャリア目標達成のための戦略とそこに至るアプローチステップを考える。

③ シミュレーションを行う

キャリアゴールの達成の過程や実際のキャリア形成過程を想定して、シミュレー

ションを行うことによって、そのプロセスに発生する問題を整理、明確化し、予測される状況、問題などに対する理解を深め、今後を予測しながら（シミュレーションしながら）具体的に問題解決を行うことができる。

また、クランボルツは社会学習理論にもとづくキャリアカウンセリングの要点をつぎのようにまとめている。

ⓐ キャリアカウンセリングの対象となるクライエントの置かれている環境はさまざまに異なる

ⓑ 意思決定は学習によるものである

ⓒ 意思決定をうまく行うことができれば、キャリア選択は成功する

ⓓ キャリア選択がなかなかできずに迷うことは当然であり、問題ではない、最も相応しいキャリアは必ずしも一つとは限らない

ⓔ これまですでにキャリアを選択した人にも、フォローアップをはじめとする支援が必要である

クライエント特性とキャリアカウンセラーの課題

クランボルツはキャリアカウンセリングにおいてよく見られるクライエントの問題点についても次のようにまとめている。

ⓘ クライエントはキャリアに関する問題解決ができるかどうか自信がない状態にある

ⓘⓘ クライエントはキャリア選択において新しい選択肢を避けがちであり、自分が慣れており、不安の少ない選択をする傾向がある

ⓘⓘⓘ クライエントは間違った情報や仮説のもとに考えがちで、その結果誤った選択をしがちである

ⓘⓥ クライエントは潜在的キャリアを正しく評価できず、間違った学習を行っていることがある

ⓥ クライエントは非現実的目標をたてたり、他の目標と矛盾した行動をとることがある

そしてクランボルツは、今後におけるキャリアカウンセラーの課題としては次の四

つをあげている。

ア　カウンセラーはクライエントの能力、興味・関心について、幅広く検討しそれらを明らかにする必要がある

イ　カウンセラーはクライエントが新しい職業、職務につくための能力開発やその具体的方法に関する情報提供を行う

ウ　カウンセラーはクライエントの意思決定過程を積極的にサポートし、実際に行動化させるように支援する

エ　カウンセラーは職業選択に関する問題だけではなく、キャリア全般に関わるすべての問題に対応しクライエントを支援する

計画された偶発性（Planned Happenstance）

クランボルツはキャリア形成のひとつの要因として'Planned Happenstance'――「計画された偶発性」――の概念を提唱している。すなわち、偶然におきる予期せぬできごとからも自分のキャリアは形成され開発されるものであり、むしろその予期せぬで

きごとを大いに活用すること、偶然を必然化することを我々に勧めている。

クランボルツは次のように述べている。我々のキャリアはそれぞれ予期せぬできごとによって決定される。そして、我々が人生上遭遇するその予期せぬ偶発的できごとを上手に活用することによって、ただの偶発的できごとも自分のキャリア形成の力に変えていくことができる。それは一人一人の主体性であり意識的努力によるものである。なぜなら、偶然的できごとがおきるその前には、自分自身のさまざまな行動が存在しており、その自分の行動が次に偶発的に起きるそのできごとを決定しているともいえるからである。

キャリアは用意周到、綿密に計画し準備できるものであると思ってはいけない。むしろ偶発的にいつかやってくるかもしれない絶好のチャンスを見逃さないようにし、常にチャンスに備えて予期せぬできごとが起こる時のために準備し、心を広く開いておかなければならないとクランボルツは述べている。

大切なことはこうした予期せぬできごとを避けるのではなく、むしろ積極的に自ら創りだすことであり、それを自分のキャリアに意欲的に活かすことである。すなわち、キャリアチャンスはおとなしくただ待っていても訪れるものではなく、自ら行動をおこしてチャンスを生み出し、自分の手で掴み取るものである。

個人のキャリアは生涯にわたる学習の連続であり、多くの選択肢を前に何度もくりかえし意思決定を行い、数々の予期せぬできごとを乗り越えながらキャリア形成をおこなうものである。

そしてクランボルツはライフキャリアについて次のようにまとめている。

1. 人は生涯学習しつづけるものであり、キャリアはこうした生涯にわたる学習によって形成される
2. キャリアの最終ゴールは豊かな楽しみのある人生、生活を築くことである
3. 予期せぬできごとはむしろ意図的につくりだすこと
4. キャリアの選択肢はいつでもオープンにしておくこと
5. 予期せぬできごとがどうなるか探索するために行動をおこすこと
6. 失敗も学習のひとつであり、そこから学ぶことも多い
7. スキルは学習できるものであるという前提で仕事を選択すること
8. 〝引退〟はまた同時に別のかたちで他人のための支援をおこなうスタートでもある

第五節　シャインの理論

シャイン（Schein, E. H.）は、キャリアを「人の一生を通じての仕事」「生涯を通じての人間の生き方、その表現のしかた」であるとし、キャリアアンカーの概念を提唱したことでもよく知られている。

シャインは、アメリカＭＩＴ（マサチューセッツ工科大学）の経営大学院の教授で組織心理学の研究者であり、組織におけるキャリア開発に関し、キャリアを発達段階に分類し、キャリアの各段階とその時の課題を次のように述べている。

キャリアの主要発達段階とその課題

①　ステージ1……成長・空想・探求（〇歳から二十一歳）

幼少期から青年期初期。この頃は職業は単なるひとつの考えであり、この段階におけるキャリアは、職業についての固定概念にすぎない。どのような職業を選択したとしても、その後必要となる教育訓練に備える段階となる。

②　ステージ2……教育と訓練（十六歳から二十五歳）

仕事の世界への参加と基本的訓練のステージ。この時期には仕事の目標が明確化されたり、変化したりするために何らかの選択をすることが必要になる。自己の欲求と組織要求について調和させることを学ばなければならない。ある種の職業に関しては、この時期に早めの意思決定を行い教育と訓練をうけることが必要になる。

③　ステージ3……初期キャリア（十七歳から三十歳）

初期キャリアのステージ。現実の仕事がどのようなものか、仕事に対してどのように取り組むかについて学ぶ時期。新従業員と組織の相互発見の時期でもある。仕事の義務を果たす上で自分の才能、動機、価値観などが本格的に試されることになり、そのなかで自己認識を獲得し、より明確な職業上の自己概念を開発する。

④　ステージ4……中期キャリア（二十五歳から四十五歳）

所属している組織はその人に期待をかけ、それに応えるように求める。組織内で明確なアイデンティティを確立する時期、その仕事と組織のメンバーとして意味あるセルフ・イメージがはっきりと形成される。高度な責任をもつようになり、長期のキャリア計画も立てる時期である。キャリア計画には仕事、家庭、自己の三つの領域が統合されるように調整する必要がある。

⑤　ステージ5……中期キャリアの危機（三十五歳から四十五歳）

これまでの歩みを再評価し、現状維持かキャリアを変えるか、新しいより高度な仕事に進むか決定する。現状の再認識、目標の再評価、再確認を行う。また、家庭とキャリアの間のそれぞれの欲求に葛藤が発生し、その問題解決をおこなうためにさまざまな努力が必要となる。そして「キャリア・アンカー」（個人のキャリアのありかたを導き、方向付ける錨。キャリアの諸決定を組織化し、決定する自己概念）の意味を現実に評価する。

⑥　ステージ6……後期キャリア（四十歳から定年）

管理者、メンターの役割をはたす。自己の専門性を高めるが一方で組織内における自己の重要性の低下を受け入れる。現状維持、仕事以外での自己成長を求める場合には、自己のポジション、影響力の減少を認め受容する。

⑦　ステージ7……衰えと離脱（四十歳から定年）

速度を落とし、徐々に引退を考えるようになり、引退に向けて準備をおこなうようになる。地域活動、家庭、趣味など新たな満足を得られるものを探す。配偶者との関係の再構築の時期。

⑧　ステージ8……引退

職業活動から引退し、自己のアイデンティティと自尊感情の維持、自分のこれまでの経験と知恵をいかす。他者への支援とその役割発見の時期。

このように、職業上の引退に際しての心理的側面に関しては個人によりさまざまな相違がある。以前から引退に備えてセカンドキャリアの準備を早くから行っていた人たちは、引退を待たずに退職する場合もある。しかし、一般的には引退にともない一時的にマイナスな心理状態（喪失感、空虚感、寂しさ）に陥ることもある。

また、シャインはこれらのキャリア発達のステージは、さまざまな組織、個人の才能と意欲の程度などの要因によって左右されるとしている。キャリアステージの分析はそれを特定の年齢や他の人生段階に結びつけようとするよりは、むしろすべての人がさまざまな形で直面する共通の問題と課題の分類とみる方がよいと述べている。

キャリア・アンカー

シャインは、「キャリア・アンカー」（Career Anchor）の概念を提唱し、これは彼のキャリア理論のなかでも重要な意味をもっている。キャリア・アンカーとは、直訳すれば「キャリアの錨」を意味するが、概念的に言えば「個人のキャリアのあり方を導き、方向付ける錨、キャリアの諸決定を組織化し、決定する自己概念」すなわち、長期的な職業生活において「拠り所となるもの」であり、船でいえば錨にあたるものと考えられる。

キャリア・アンカーの構成要素としてシャインは、①才能・能力、②動機・欲求、③価値、態度などをあげている。そしてこの三つの要素が統合された「自己概念」によって、キャリア・アンカーは組織化されるとしている。

また、このキャリア・アンカーは個人にとって、キャリア選択に直面して初めて見えてくるものであり、キャリア発達はこうした要素をベースにした「自己概念にキャリアを統合するひとつのプロセス」であるとシャインは述べている。

シャインは初めキャリア・アンカーを五種類に分けたが、その後新たに三つを加え、最終的に八つのキャリア・アンカーを考えた。八つのキャリア・アンカーとは次の通りである。

① 専門コンピタンス

企画、販売、人事、エンジニアリングなど特定の分野で能力を発揮することに幸

せを感じる

② 経営管理コンピタンス

組織内の機能を相互に結びつけ、対人関係を処理し、集団を統率する能力や権限を行使する能力を発揮し、組織の期待に応えることに幸せを感じる

③ 安定

仕事の満足感、雇用保障、年金、退職手当など経済的安定を得ること、一つの組織に勤務し、組織への忠誠や献身などが見られる

④ 起業家的創造性

新しいものを創りだすこと、障害を乗り越える能力と意気込み、リスクをおそれず何かを達成すること、達成したものが自分の努力によるものだという欲求が原動力

⑤ 自律（自立）

組織のルールや規則に縛られず、自分のやりかたで仕事を進めていく、組織に属している場合、仕事のペースを自分の裁量で自由に決めることを望む

⑥ 社会への貢献

暮らしやすい社会の実現、他者の救済、教育など価値あることを成し遂げること、

転職してでも自分の関心ある分野で仕事をする機会を求める

⑦　全体性と調和

個人的な欲求、家族の願望、自分の仕事などのバランスや調整に力をいれる、自分のライフワークをまとめたいと考えており、それができるような仕事を考える

⑧　チャレンジ

解決困難に見える問題の解決や手ごわい相手に打ち勝とうとする、知力、人との競争にやりがいを感じる、目新しさ、変化、難しさが目的になる

以上①から⑤までがオリジナルのキャリア・アンカーであり、⑥から⑧は後年新しく追加されたものである。

シャインは個人のキャリア・アンカーを探ることとは、キャリアにおける個人ニーズを明確化し、自分のキャリアの方向性を明らかにすることができるとしている。そしてまた、キャリアを歩む個人は自分のキャリアや職務に何を求めているのかを知る責任がある。これは自分の経験や自己分析・診断から知ることができるが、われわれは皆自分のキャリア・アンカーが何であるのかを知っておくべきである。自分のキャリア・アンカーをよく知っていれば、職務の機会や選択肢から決断を迫られたとき、適

切な選択を行い組織とも納得がいくように話し合い交渉ができるからである。

キャリア移動の理論

組織と個人のキャリアの関係を研究したシャインは、従来のピラミッド型の二次元的な組織図では、組織内の個人の移動すなわちキャリアを表すには不適当であると考え、組織を三次元構造の円錐で表した、(図―6) 参照。この図の円錐の中の円周部分を分割して作られた扇形は職務の種類を表し、円錐の上の方に上がるにつれて地位が上昇する。また円の中心に近づくほど部内者化、中心に位置することを意味するものである。シャインはキャリアをこのような円錐形モデルの中での移動ととらえ、移動の三方向と、移動の障害になる三種類の境界を分類している。キャリアの組織内の移動には三方向があるが、そのうちには複数の方向移動や、一方向だけの移動がある。

A. 三つの次元と移動の三タイプは次のようなものである

① 垂直移動……上下に移動する、階層次元の移動、地位、職位の上昇、下降

② 円周上……円周にそって移動する、職能ないし技術の次元、部門や部署が変わる

③ 放射上……中心から水平に円周方向へ放射状に移動、部内者化または中心性

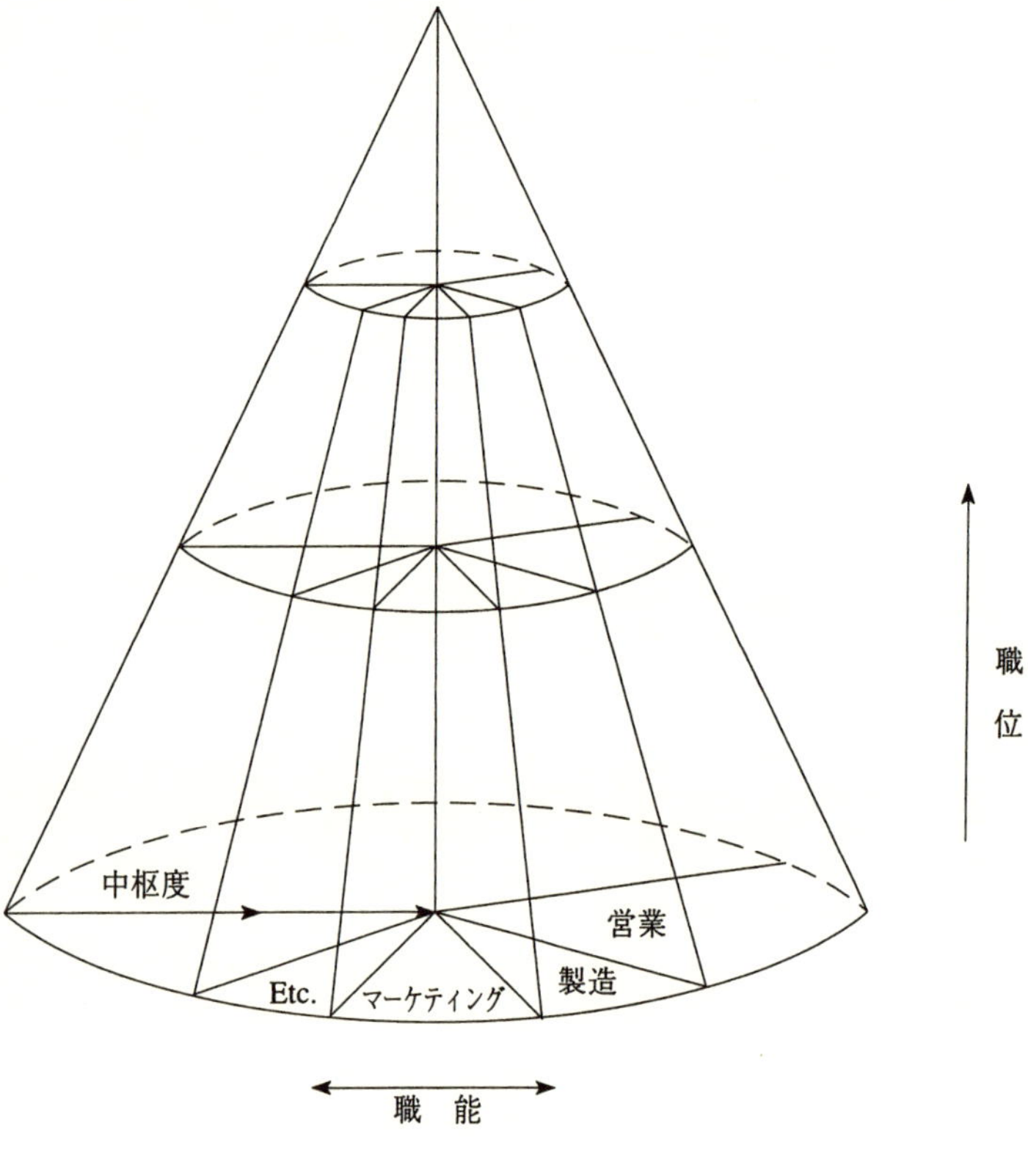

図6．シャイン（1971）による組織の3次元モデル

の次元、どの程度重要で中心に位置しているかを表す

B. 三つの境界

① 職階級の境界……職階級のレベルを分割する境界、垂直方向の移動の時に越えなければならない境界

② 職務や部門の境界……部や課など異なった職務集団を分割している、円周に沿った移動の時の境界

③ 中心性の境界……個人や集団の中心性を分割している境界、水平方向の移動の時の境界、内部に向かうほど部内者化、または中心化する時の境界

C. 境界の変化要因

① 境界の数……垂直方向にある職階級の数、水平方向にある中心性での境界の数、円周に沿った機能に関する部、課の数

② 通過可能な程度……境界を通過できるかどうかの程度

③ 通過性の基準……どのような人を、どの時期に通過させるかの基準

シャインはこのように三つの次元を組み合わせ組織を垂直軸で階層数を表す三次元

の円錐で表した。そして、キャリアの重要な転換はこのような組織境界線の通過によっておこるとしている。こうしたシャインの理論は、組織内のキャリア発達の移行段階を理解する時の参考にすることができるものである。

キャリアサバイバル

シャインは一九九五年『キャリア・サバイバル――職務と役割の戦略的プラニング』を著し、キャリア・アンカーが個人ニーズの明確化であるのに対し、『キャリア・サバイバル』では、むしろ環境からのニーズ、すなわち組織ニーズの分析の必要を強調している。そして個人のキャリアが順調に開発され発展するためには、個人ニーズと組織ニーズが互いにマッチしていることの重要性を述べている。

そのためには「職務と役割のプランニング」が必要であり、キャリア目標が、市場の動きや長期的な個人プランとうまく符合しているかどうかを確かめるために、だれもが自分の職務を定期的にチェックすべきであると述べている。そして、職務と役割のプラニングを行うことによって、次のような点で意味があるとシャインは述べている。

㋐ 自分に対する他の人々の期待と自分の職務との関連を理解できる
㋑ 自分の職務における中心的な利害関係者（自分に関心をもってくれ、要望を示し、意見や助言を与えてくれるすべての人を指す）がだれであるかを理解できる
㋒ 中心的な利害関係者が自分にたいしてもつ期待は何かが理解できる
㋓ 仕事環境における、今後予想される変化が理解できる
㋔ これらすべてが自分の職務にたいしてもつ意味を理解できる

すなわち、「職務と役割のプランニング」を行うことによって①職務が根をはっている人的ネットワークを理解することができること、②職務要件と中心的な「利害関係者」を理解することができるとシャインは述べている。

そして、将来組織において階層が減り、横軸を通すプロジェクト型の仕事が増えていくと予測される状況下では、大半の管理職、専門職、技術職の従業員は今後その役割を頻繁に変えていくようになることを予測し、次にあげる人々はいち早く優先して「職務と役割のプランニング」を行う必要があると述べている。

Ⓐ 変革期をくぐっている組織にいる技術職、専門職、管理職、経営幹部
Ⓑ 部下を登用するための計画をたて、部下のキャリア相談にのる管理職
Ⓒ 職務上の責任が把握できずに混乱している従業員や新たな配属が近い従業員

このように「職務と役割のプランニング」の主要な目的は、仕事に関する計画と診断の手順を改善し、診断結果をその職務につく当人に伝える手順を改善する点にある。言い換えれば、仕事についての情報やキャリアの選択肢が不十分で表面的で不正確ならば、個人は仕事をうまく遂行できないし、キャリアの選択もうまくできなくなるとシャインは述べている。

第六節　シュロスバーグの理論

人生の過渡期とキャリア転換

我々の長い人生の過程においては、それぞれ「社会、価値、興味・関心」が変わる。当然それにともない、各キャリアステージにおいてキャリアに対する意識・態度・行動は変容する。こうした変化の狭間、ステージごとの節目節目の移り変わりの時期に

はそれぞれ過渡期が（Transition）が存在する。

レビンソン（Levinson, D. J）は、人の発達を安定した「安定期」と各段階の境目にある五年の「過渡期」を繰り返しながら発達すると考えた、（図―7）参照。例えば、十七歳から二十二歳を成人期への過渡期、四十歳から四十五歳を中年期への過渡期、六十歳から六十五歳を老年期への過渡期としている。そしてこうした人間の発達過程に存在する過渡期は、安定期に比べ、不透明で不安定な時期であると考えられている。

しかし、人の発達過程にはこうした不安定な過渡期があるからこそ意味がある。この時期は言い換えれば、そこでいったん立ち止まり自己と深く対峙し、自分とその周辺、環境をじっくり見つめなおすことによって、自己のキャリアをさらに質的に新しく発展させる自己再生（Self-Renewal）のための「好機」であるといえる。

ことに中期キャリアの時期は発達ステージにおける中年の危機にあたり多かれ少なかれだれもが自己のアイデンティティの揺らぎやキャリアの陳腐化、プラトー状態（高原現象）などを経験する時期である。この時期には自分の「過去・現在・未来」を分析、再評価し今後のキャリアの方向性を慎重に最終決定する重要な時期である。人は中年期にかぎらず成人期にはだれもが何度も転換期を経験するものであり、人間の発達過程での自然なプロセスであると考える。このようなレビンソンの生涯発達理論は

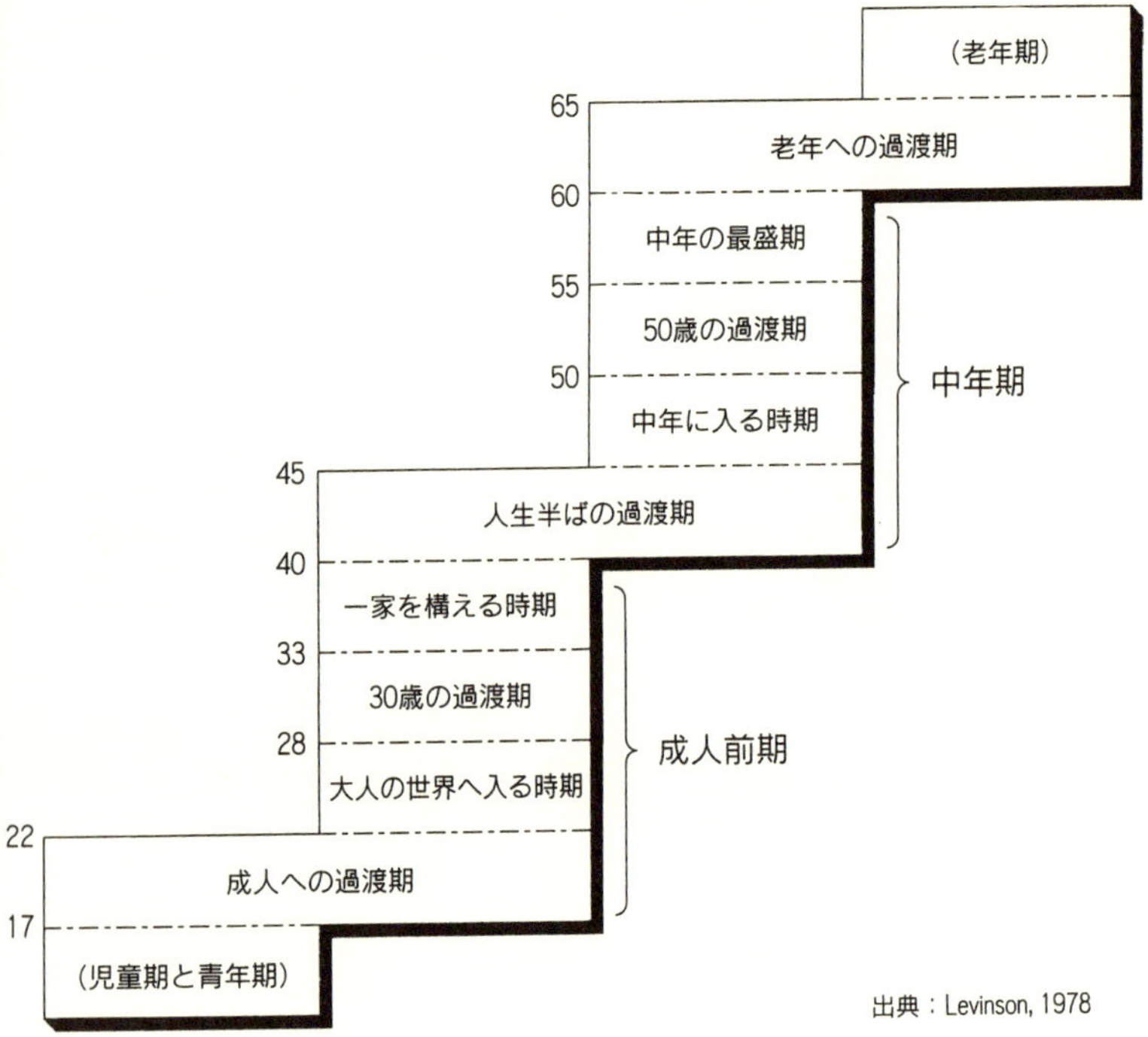

出典：Levinson, 1978

図7．レビンソンの発達段階

長い人生の節目節目におきる質的変化がキャリアの発達と変化、キャリアサイクルに大きな影響を与えていることを我々に示唆している。

かって全米キャリア開発協会会長を勤めたシュロスバーグは、人生はさまざまな転換（転機）の連続からなりたっており、それを乗り越える努力と工夫を通してキャリアは形成され開発されると述べている。すなわち、長い人生の過程におけるキャリア発達はキャリア転換（キャリア・トランジション）の連続からなると考え、キャリア転換のプロセスをよく理解し、キャリア転換を上手に行い、自己管理（キャリアマネジメント）できるようになることが大切であると考えた。

最近のように激しく変化する社会経済環境のもとでは、だれもが一生のなかで会社や職場が変わったり、職務内容が変わることは頻繁にあることである。この転換（転機）とは、「人生において何らかのできごとがおきること、できごとに遭遇すること」あるいは「予測したことが起きないために、その影響を受けておきる変化のこと」をいう。そして、このキャリア転換は社会的な要因、組織的な要因、個人的な要因などによりもたらされると考えられる。

シュロスバーグの理論を通して、「キャリア転換」とは何かをよく理解し、キャリア転換を成功させるためにはいかにすべきか、どのような点に注意が必要かなど、キャリア転換に対する「枠組み」を得ることができる。

キャリアカウンセリングにおいても、キャリア転換はまさに主要なテーマ、問題解決支援の主要課題であり、キャリアカウンセラーがクライエントの援助を行うにあたり、そのアプローチ方法は有効である。転換時におきる突然のできごと（倒産、リストラ、異動など）の中で、クライエントが困惑し、突然のできごとに呆然と途方にくれるだけではなく、少しでも適切な対応が冷静に取れるようにカウンセラーは彼らをサポートしなければならない。今日、誰もが遭遇する可能性があるキャリア転換時には、シュロスバーグの理論を参考にし、計画的、理性的に対処できるようになることが何よりも欠かせない。

このようなキャリア転換に、検討すべき四つの視点をシュロスバーグは次のようにあげている。

① 転換の影響度はどうか―自分のこれまでの役割、人間関係、日常生活などをどの程度変えなくてはならないか

② 転換のタイミングはどうか―このキャリア転換は、自分の人生のなかで時期的によいのか悪いのか、また転換のための準備期間はあるか

③　自己コントロールはできるのか―キャリア転換を自分自身がどの程度コントロールできるのか、自ら影響を及ぼせるか、選択肢は存在しているのか

④　影響の持続性はどうか―転換によって生じる状況はいつまで続くのか、単なる一時的な影響か、永続的な影響があるのか

「イベント」と「ノンイベント」

キャリア転換（キャリア・トランジション）には、次の三要素がある。

Ⓐ　予期したことが実際に起きる「イベント――Event」

Ⓑ　反対に予期したことが起きない「ノンイベント――Non Event」

Ⓒ　その結果としておきる人生や生活の変化

例をあげると、予期したこと「イベント」とは四年間で大学を卒業する、希望の会社に就職する、管理職になる、定年まで勤めるなどである。予期したことが起こらない――「ノンイベント」とは、四年で大学を卒業できない、就職できない、親が突然亡くなる、昇進できない、定年まで勤務できないなど予想外に「予期せぬこと」が起

こり、その結果、何らかの変化がもたらされ、影響をうけることによって、「キャリア転換（転機）」が発生する場合である。

そして、このような転換時には次のような変化が一つまたは二つ以上おきると考えられる。

㋐ 人生役割の変化—転換により我々が果たす数々の人生役割のうち、役割のどれかが無くなる（失う）か、または大きく変化する

㋑ 人間関係の変化—転換時には人間関係が強まったり、弱まったりする

㋒ 日常生活の変化—転換時には日常生活において何を、いつ、どのように行うかなどが変化する

㋓ 自己概念の変化—自分に対する考え方、認知のしかたが変容する

こうしたキャリア転換によって生じるさまざまな変化は、個人にプラスに作用する場合（プラス効果）とマイナスに作用する場合（マイナス効果）とがあるが、キャリア転換によって「得るものがあった」ととらえることができればプラス効果であり、反対に「失った、無くなった」ととらえるならばそれはマイナス効果である。

したがって、キャリア転換時に大切なことは次の二点である。

Ⅰ　このキャリア転換によるマイナスの影響（マイナス効果）をいかに最小限なものにするか

Ⅱ　キャリア転換とそれにともなうさまざまな変化をいかに客観的、冷静に受け止め、効果的に対処することができるか

さらに、シュロスバーグは、キャリア転換の起こり方には次の三種類があるとした。

ⓐ　予期していなかったことがおきる場合、予期していたことがおきない場合―解雇、失業、昇進昇格、昇給

ⓑ　自ら決断しておこしたできごと、自ら決断しておこさないできごと―転職、転勤・異動、結婚、出産

ⓒ　人間の発達プロセスのなかでおきるもの―歳をとる、子どもが自立する、定年退職するなど

キャリア転換への対処

人生のステージにおいてはさまざま転換があり、その転換をどのように個人が受け取るか、すなわち転換に対する「認知」には個人差があるが、シュロスバーグはその反応に対する個人差は、本人の内的資源（リソース）によると考えた。そして、転換を上手に対処することができるか否かを左右する四要素を次のように示した。

① 転換の過去経験—これまでにもキャリア転換を経験しているか否か、その過去の転換時には上手に対処できたか否か
② キャリア転換に対する対処行動—転換に際し適切な行動がとれるか、意思決定を行いその行動が実際にとれるか、転換にともなうストレスに対処できるか
③ 自律感—転換時に自分の人生を自らコントロールすることができると感じることができるか
④ 人生に対する認知—自分の人生を肯定的に認知しているか、否定的に認知しているか

ライフキャリア上のさまざまな転換期をうまくその個人が乗り越えられるか否かは

こうした四つの要素があるが、他にはその転換期を支援する「三つのシステム」があり、これらの支援システムが存在していれば、転換時に発生するさまざまな問題も解決することができるとシュロスバーグは考えた。それらは、次にあげる三つの支援である。

Ⓐ　キャリア転換を支援する公的機関や民間団体―ハローワーク、職業紹介所、人材ビジネスなどの活用
Ⓑ　転換期をうまく乗り越えるための、経済的資源、物理的条件の存在
Ⓒ　転換期を支援し、支えてくれる人々、人間関係の存在

したがってキャリア転換時には、これらの三つの支援システムのうち何が充足しているか、何が欠けているかをチェックし、もし欠けているならば、それを具体的にいかに補うか、補うことはできるのかなどを明確化する必要がある。

キャリア転換とその対処法の2ステップ

シュロスバーグはキャリア転換時の対処法について二段階に分け、次のように提案

している。第1ステップは「リソース―資源の点検」、第2ステップは「具体的戦略」である。

(i)ステップ1……「リソース（資源）の点検」。自分の資源―人的資源、物理的資源、公的資源などを調べ再度確認をする。点検が必要なリソースはつぎの四つである。それらは、「状況（situation）」、「自己（self）」、「支援（support）」、「戦略（strategies）」である。これらはみな頭文字がSで始まることから「4S点検」といわれる。

① 状況（situation）
・原因―このような状況がおきた原因は何か
　何を選択したことによって生じたのか
・予期―現在の状況は社会的に予測することが可能であったか
　突然おこったことなのか
・期間―一時的なことなのか、永続的なことなのか
・体験―同じような過渡期を乗り越えた経験はあるのか
　その時の気持ちや状態はどうだったか

・ストレス―現在の問題以外に抱えているストレスはあるのか
・認知―その状況をどのように捉え、受け止めているのか
　これは自分にとって好機（チャンス）なのか、危機（クライシス）なのか

② 自己（self）
・仕事の重要性――自分にとって仕事はどの程度重要か
　仕事のどの部分に興味があるのか、地位、職務内容、給与、なのか
・仕事と他のバランス――仕事、家庭、趣味、地域のバランスを生活全般のなかでどのように考えているのか
・変化への対応――自分はどのように変化に対応しようとしているのか
　積極的に行動したり、再トレーニングなどをうけるのか、それとも自分の考え方を変えるのか
・自信――自分に対する自信はあるか
　新しいことに挑戦しようとしているか
・人生の意義――人生にどのような意義をもっているのか

何らかの使命を感じているか

③ 支援（support）

・よい人間関係――自分に好意を持ってくれる人、クライエントが何ができるかを知っている人から支援を受けることができるか、支援してくれるような人は周囲にいるか
・励まし――自分の成功を期待してくれる人、前向きな指導をしてくれる人、励ましてくれる人はいるか
・情報――仕事を探す方法はあるか、企業情報、雇用情報などを収集できるか
・照会――解雇された時の医療や経済的支援制度に関する知識や情報を提供してくれる人はいるか、そのような機関について知っているか
・キーパーソン――積極的に連絡をとり重要な情報を提供をしてくれる人はいるか、その人からの援助・支援は望めるか
・実質的援助――経済的支援など実質的な援助を望めるか

④ 戦略（strategy）

・状況を変える対応――職探し、新たにトレーニングを受けるなどの戦略を具体的に実行しているか

・認知・意味を変える対応――今回の状況や問題の捉え方（認知）をプラス思考に変えているか
・ストレスを解消する対応――リラクゼーション、軽い運動などをおこなっているか

以上、キャリア転換時に必要なことは、こうした当面の転換についての「4S点検」であり、さまざまな角度から、「4S」について点検し、その転換の特性と自分（クライエント）にとってのキャリア転換の意義をよく検討しなければならない。

(ii)ステップ2……具体的戦略

次に、キャリア転換時の対処法の「第2ステップ」は、具体的戦略をたてることである。キャリア転換を成功させるための具体的計画にもとづき戦略を立て、そのために必要な資源を確認する。転換にともなって予測される変化を受け止め、あらかじめ事前準備を行う。

会社都合による突然の予期せぬキャリア転換に見舞われた時でも、リソースを点検し、戦略をたて、「ライフキャリアの危機」をむしろ逆手にとり、この機会をむしろ

自分にとっての「ライフキャリアの好機」へと転換させるぐらいのプラスの発想で臨むことである。

自らをたえず励まし、勇気づけながら、キャリア危機、転換期を上手に乗り越えることによって、むしろこの機会を利用してキャリアの幅を広げ、その奥行きを深めることも可能であるといえよう。

その他に、一九九〇年キャリア転換（Transition）について著したブリッジス（Bridges, W.）は、次のように述べている。キャリア転換は「ある終結」から中間の「ニュートラルゾーン」を経て、「新たな出発」の三つの要素の一連のサイクルからなるが、この中間に位置する「ニュートラルゾーン」をいかに上手にマネジメントできるかどうかが大切であるとした。そして、キャリア転換時の戦略として「ニュートラルゾーン」を上手にマネジメントする方法として次のような七つの要点をあげている。

① 自ら責任と自覚をもち自己管理せよ
② 何が変化するのか、変化しているのか、変化による影響は何かを明らかにせよ
③ 思い切って捨てるものは何かを決めよ
④ 終了した（する）ものは何かを明らかにせよ

⑤ 自分の感情体験をありのまま受容せよ（今後への期待とともに、不安や葛藤、迷いもありのまま受け入れ、認める）
⑥ 安定しているもの、継続するもの、維持するものは何かを明らかにせよ
⑦ 大きな決断をする時には時間をかけよ

これらシュロスバーグやブリジッスの理論にみる、キャリア転換時の考え方とその対処に関する具体的視点は、個人（クライエント）のキャリア転換時の留意点として、非常に示唆に富むものが多く、キャリアカウンセリングのプロセスにおいて大いに活用することができるものである。

第七節 ハンセンの理論

ハンセン（Hansen, L. S.）は一九九七年、その著書『統合的人生設計――Integrative Life Planning――ILP』において、キャリア概念のなかに家庭における役割から社会における役割まで、人生における役割をすべて幅広く盛り込み、新しいキャリアに対する概念「ライフキャリア」を提唱した。

このように速いスピードで社会のあらゆる側面が変化する時代には、キャリアカウンセラーはクライエントの人生における複雑な選択や意思決定を支援する新しい方法を考えなければならない点を指摘し、キャリアプランの立て方にも新しい考え方を示した。

そしてハンセンは、キャリア開発とその計画においては、自分の個人的な人生上の満足だけに焦点を当てるのではなく、意味ある人生のため、つまり「自分にも社会にも共に役立つ意義ある仕事」を行う視点に常に立ち、キャリア選択をおこなうことが重要であると述べている。

ハンセンは個人の人生においては、単に仕事だけではなく、次にあげる四つの人生要素がそれぞれうまくバランスよく統合される必要があるとした。

人生の四つの要素

ハンセンはキャリアを構成する人生の役割（life role）について、人生の四つの要素が統合されなければならないと考えた。すなわち、それらは「仕事・学習・余暇・愛」（Labor, Learning, Leisure, Love）であり、それぞれ四つの要素がうまく組み合わさってこそ「意味ある全体」になるとした。そして、個人は全体として「どのような生き方をしたいのか」が最も重要な課題であるとし、ハンセンの理論ではその「生き方」（ライフ）の視点をキャリア概念の根底に据えている。

このようにハンセンのキャリアに対する考えとその主題は、「生き方としてのキャリアがその人の人生にもつ意味とは何か」、また「キャリアが社会に対してもつ意味は何か」である。ハンセンは個人のキャリア形成、開発を個人レベルに留めることなく、ひろく社会ニーズ、地域ニーズも同時に視野にいれ、世界・社会発展と個人を統合させる社会的な視点を展開している。スーパーが人生の役割の組み合わせを「虹―レインボー」に例えたのに対し、ハンセンはキルト（パッチワーク）に例え、それぞれの人生役割がパッチワークのように縫い合わされ、組み合わされ統合され、「ひとつの意味ある全体」になると述べている。

「仕事・学習・余暇・愛」（Labor, Learning, Leisure, Love）を人生の四要素として提唱したハンセンが強調するのは、あくまで「全体性や統合性」であり、人生におけるさまざまな役割を細かく分類して捉えることではない。キャリア概念の中核とされてきた「職業や職務」は、人の「人生・生活」のなかで、それだけを切り離すことは決してできないと強調している。すなわち、ハンセンは、人は「仕事」だけをしていれば充実した豊かな人生を送れるのではなく、仕事と並行して「余暇・学習・愛」がその中に存在していなければ、本当によい仕事はできず、偏った生活のなかで人生はいつしか味気ないもの、貧しいものに変容するものであることを警鐘している。

また、キャリアプランを立て実践、行動しようと思っても、人生の過程にはキャリアの方向性を修正せざるを得ないような障害や予期せぬ機会は必ず発生する可能性がある。そして、キャリアプランは直線的に進むのではなく、むしろキャリアは「螺旋的に発達する」ものであるとした。すなわちキャリアプランを立てても、社会的、個人的、家庭的な予期せぬできごとに突然遭遇するなかで多様な影響を受け、ある時は一時的に足踏みしたり、後退することもありうる。このように、キャリアプランは必ずしも初期の計画どおり、直線的に進まないことも多く、その時に応じて柔軟にキャリア計画を変更し、方向転換することもある程度覚悟して進まなければならないだろう。

キャリア・プランの課題

ハンセンはキャリアプランには六つの重要な課題があるとし、つぎのような六つの課題を提唱している。

ⓘ 広い視野にたちキャリア選択を行う

単に自分自身の興味・関心、価値、能力にあった職業か、自分のニーズを満たすものか。こうした視点からのみキャリア選択するのではなく、このキャリア選択は世界、社会、環境の問題やニーズを解決するために役立つことができるのか、といった広い社会的視点からも考えることが必要である。

ⓘⓘ 人生の〝パッチワーク〟を創造する

キャリア選択時には、自分がもつさまざまな人生上の役割と職業・職務を上手に組み合わせ統合することができるかどうかを考えなければならない。キャリア選択においては、「身体・心・精神性（スピリチュアリティ）の三つの統合」が必要であり、こうした全体的な要素を組み合わせ、適合させ、自分の人生の〝パッチワーク〟を創造する。

ⓘⓘⓘ 男女の共同、共生を目指す

伝統的な男女の性役割概念はいまや崩れ去り、大きく性役割概念が変化しているなかで、男性と女性はそれぞれ家庭のなかで性別にこだわらず協力し合い、ともに高めあい、共生することが可能なキャリアプランを立てる必要がある。これまでは、とかく男性中心的発想のキャリア理論であったが、今後は女性のキャリアが結婚後、出産後も開発され発達していくことを考慮しながら、社会・家庭における男女の役割を見直す必要がある。

すなわち、男女がよいパートナーシップを形成することによって、相互のキャリアが開発され、互いに高めあえるような協力、共同が欠かせない。

ⅳ多様性を活かす

この我々の生活する社会は、人種、宗教、性別、年齢、身体特性、能力、性格、嗜好など多様な相違が存在している。このようなグローバル社会において重要なことは、こうした多様性を認め、互いの相違を大切にし、活かしあい統合する努力が欠かせない。創造性は違いがある中から、そこに生まれるのであり、互いに刺激しあい、新たな発想で社会をたえず創造することが世界を豊かにすることに通じる。

ⅴ 仕事に精神的意味（精神性——spirituality）を見出す

仕事を通して社会に貢献し、仕事を通して精神的意味を見出すこと、人生の目的をさぐり、自己の存在感を確認することができることが重要である

ⅵ 個人のキャリア転換と組織変革に上手に対処する

かって終身雇用が保障されていたころは、一生一つの会社に勤務することは一般的であったが、いまや個人が自律的に自分のキャリアを選択し、自分の人生の変化

に柔軟に対応できるスキルが必要である。

ハンセンのこうした視点からの新しいキャリア理論は非常に新鮮であり、現代社会における問題点を鋭く指摘したキャリア理論であるといえよう。個人のキャリアに関する発想をさらに広げ、ライフとキャリアの統合「ライフキャリア」、社会貢献、仕事とスピリチュアリティ（精神性）など幅広い観点からキャリア選択を行うことを我々に示唆するものである。

第三章

キャリアカウンセリングの方法

第二章ではキャリアカウンセリングを行うにあたって、必要なベースとなるキャリア理論を概観した。そこで次に、第三章では基本的なカウンセリングのアプローチ法としてどのような方法があるかについて見ることとする。

第一節　来談者中心的カウンセリング

来談者中心的カウンセリングはロジャーズ（Rogers, C）によって開発された。ロジャーズはこれまでのカウンセリングがテストによる診断と指示を中心としたもの（指示的カウンセリング）であり、直接的指示命令ではクライエントの行動変容は一時的なものであり、真の問題解決につながらないと批判した。そして、ロジャーズは、来談者の生来的な適応・成長能力を信頼し、来談者のもつ自己実現傾向を信頼することの重要性を強調した。そして、カウンセリングを来談者主導のもとに進めていくことを主眼とし、彼の療法を「来談者中心的カウンセリング」とした。

その後、ロジャーズは「エンカウンターグループ」などを初めとして、広く社会的実践活動に携わりながら自らの立場を「人間中心的アプローチ―パーソン・センタード・アプローチ（Person Centered Approach）―ＰＣＡ」と呼ぶようになった。

この来談者中心療法は、カウンセラーが治すというよりも、むしろクライエントが自らもつ潜在的な力で治癒していく過程をカウンセラーが、カウンセリングを通して側面より援助していくものであるといえる。

ロジャーズは「経験」と「自己概念」を通じて意識化されるものの「不一致（自己不一致）」が問題の原因であると考え、この経験と自己を一致させること、「自己一致」が重要であると考えた。すなわち、「自己一致」とは経験したり、感じていることを否認したり歪曲したりせずそのまま受け入れ、自己概念の中に取り入れている状態のことであるとしている。したがって、問題解決の方向性として「自己不一致」の状態から「自己一致」の状態にいかに変容させるかが重要であり、カウンセラーにありのまま受容される体験を通して、自己概念のなかに体験を統合し、統合した自己概念を得ることができるとロジャーズは述べている、（図―8）参照。

来談者中心的カウンセリングの方法

ロジャーズの来談者中心カウンセリングでは、まず何よりもカウンセラーのクライエントに向かう態度・姿勢、そのありようが重視される。カウンセラーに求められる態度条件として基本的に次の三つがあげられる。

① 無条件の肯定的関心

カウンセラーはまずありのままクライエントを無条件に温かく受容し、誠実に接し、クライエントを心から尊重する。クライエントはカウンセラーからありのままの自分を受容されることによって、クライエントは自己に対する価値、自己への信頼感をとりもどし、自分自身を次第に受容できるようになり、自らを見つめなおすことが可能になる。

カウンセラーに無条件に受容される体験を深めることにより、クライエントはカウンセラーに対する信頼を次第に形成していく。

② 共感的理解

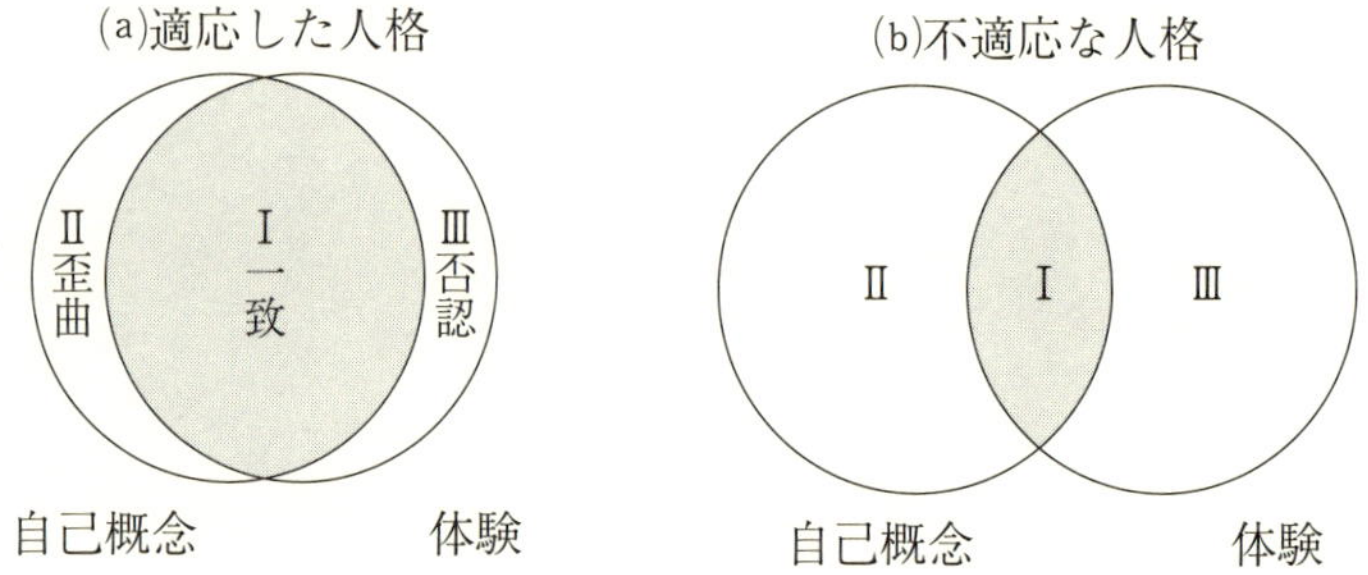

Ⅰ．体験に即して形成されている自己概念
　　ありのままに受け入れられている体験の領域
Ⅱ．体験を無視し、歪曲された自己概念の領域
Ⅲ．受け入れることができずに否認された体験の領域

出典：Rogers, 1967

図８．自己認知と適応

カウンセラーは相手の立場にたち、クライエントの気持ちや感情をあたかも自分自身のものであるかのように共感する。また、クライエントがどのように外界や自分自身を認知しているか、クライエントの「認知の枠組み」（内的準拠枠）を理解し、そこからクライエント理解を目指す。カウンセラーはクライエントのこうした感情や自分自身が意識できていない事柄を、フィードバックすることにより、クライエントの自己理解を促し深め、肯定的自己概念の形成をサポートする。

③　自己一致・純粋性

カウンセラーはクライエントとの関係において、カウンセラーもありのままの自分、本当の自分を大切にし、カウンセリングのなかで相互にいきいきした人間関係をむすぶことが大切である。

こうしたカウンセラーの姿勢・態度は、その他の理論にもとづくカウンセリングの技法が異なっても、何よりもカウンセラーに求められる基本的な共通条件であり、カウンセラーとクライエントの深い信頼関係なくしていかなるカウンセリングも成り立たない。

来談者中心療法によるキャリアカウンセリング

この療法にもとづくキャリアカウンセリングでは、来談者独自のアイデンティティの明確化と、それに基づくキャリア目標の選択、自己実現の援助を基本的なカウンセリング目標とする。

さらに、キャリアカウンセリングの基本原則としてつぎの四点をあげる。

ⓐ カウンセラーはカウンセリングにおいてクライエントの自己実現の過程を促進するような態度をとり具体的行動をとる

ⓑ カウンセリングのスタート時においてはクライエントが抱えているキャリア上の問題点に焦点をあてる

ⓒ クライエントのアイデンティティの明確化や、また必要に応じて職業・職務の選択を支援し意思決定を促すための心理検査や情報提供を行う

ⓓ 来談者中心療法のキャリアカウンセラーは、職業・職務を通してクライエントが自己実現するのに役立つカウンセリングスキルとキャリア情報をもつことが必要である

このように来談者中心療法にもとづくキャリアカウンセリングは、カウンセラーの無条件の肯定的関心、共感的理解、自己一致・純粋性の三つの基本的態度にもとづき、クライエントをありのまま温かく受容し、傾聴しながら、クライエントのキャリア上の問題を整理し、クライエントの自己洞察、気づきを促し、ライフキャリア上の自己概念を明確化し、自己不一致の状態から自己一致に導くことを主要な目標としている。クライエントの心理的適応の達成、キャリアに関するさまざまな問題解決のサポートを行い、キャリアカウンセリングをあえて心理的・情緒的問題を扱うメンタルカウンセリングと分けて考える必要はないとしている。

その後、来談者中心療法は、折衷的・統合的なキャリアカウンセリングの方法の中に組みこまれて用いられており、キャリアカウンセリングのさまざまなアプローチの根幹をなしている。クライエントの自己への深い「気づき」を促し、自己理解を深め、問題解決へ導く基本的な方法である。

第二節　行動主義的カウンセリング

行動主義的カウンセリングの特徴

行動主義的カウンセリングでは「学習理論」（人の行動はその行動を学習したことから形成されており、環境要因や遭遇したできごとに刺激を受け、行動がおこり、強化され、この一連のプロセスが繰り返されるものである）にもとづき行動科学的なアプローチを行うカウンセリングである。

クライエントの具体的行動に焦点をあて、現在不適応を起している症状自体への働きかけを行い、行動科学的方法を用いて問題行動を修正したり、症状を除去したり修正することにより不適応状態を改善しようとするものである。したがって、行動主義的カウンセリングでは、カウンセリングはひとつの「学習プロセス」であるとし、カウンセリングの達成目標を明らかにし、目標達成できたか否かを明確に測定する。

行動主義的カウンセリング・行動療法アプローチの要点は次のようにまとめられる。

ⓘ　不適応行動は学習によって形成されたものである

ⅱ カウンセリングによる支援はクライエントの問題行動の具体的解決か、症状の軽減である

ⅲ これまでに獲得された問題行動の消去、または新たな適応的行動の学習を行うかがカウンセリング目標となる

ⅲ カウンセリングにおけるクライエントの支援目標は客観的、かつ具体的であり、測定可能なものでなければならない

ⅳ クライエントを支援するための技法は行動科学的理論や臨床的事実にもとづいている

ⅴ カウンセリングによる支援の結果や効果は客観的、適正に評価することができる

行動主義的キャリアカウンセリング

カウンセリングの方法としてはさまざまな行動主義的カウンセリング技法があるが、単独で技法を用いるよりも技法をいろいろ組み合わせて用いることが多い。

行動主義的カウンセリングは次のようなステップを踏んで行われる。

① アセスメント
問題行動の原因・その強化因子の分析、今後予測される結果などを明らかにする
② 問題の原因となっている行動を明確にする
なぜそのような行動をとったのか、なぜこのような状況や問題はおきたのか
③ 問題行動を継続させている強化因子は何かを明らかにする
④ 現在の問題行動を引き続き行った場合、どのような結果になるかを予測する
⑤ 望ましい結果は何かを明らかにする
⑥ 目標を設定する
カウンセラーとクライエントがよく話し合い、今後へ向け望ましい結果を得るための行動変容目標を設定する、最終目標達成のための下位目標（中間目標など）を設定する
⑦ 行動計画をたてる
目標達成に必要な行動計画を具体的にたてる、「何を、いつまでに、どれくらい、どのような方法で」行うかについて話し合い計画をたてる
設定した目標と達成行動計画の確認を行い、クライエントと約束（課題）の取

り決めをする

⑧　実行

クライエントに新しい行動を学習させたり、再学習させる援助を行うために学習理論にもとづくいろいろな技法を用いて行動療法を実行する

行動療法の技法としてはつぎのようなものがある

A-系統的脱感作—不安を起さないように行動をスモールステップに分け、行動を練習しクライエントが不安を感じることがなくなるまで行う

B-モデリング—望ましい行動を実際に観察させたり模倣させることによって、目標とする行動を獲得させる

C-セルフコントロール法—クライエント自身が自分の行動を管理・統制する方法、目標設定、実行、評価、報酬など一連のステップをカウンセリングを受けながら自己管理する

D-ガイドイメージ、イメージ療法—具体的な状況、場面での行動をクライエントにイメージさせ、イメージのなかで成功体験をつませる、構造化された積極的な思考を行うことによって行動に影響を与える

⑨ アセスメントと終了
カウンセリング当初に設定した目標に達成したか否かを検討し数量的に評価する
必要に応じて、事前に設定した目標や行動計画の見直しや修正をはかる

このような行動主義にもとづくキャリアカウンセリングにおいては、「具体的な行動目標の設定」、「行動計画の実行」、「評価」という一連のステップが重要になる。キャリアカウンセリングにおいてクライエントの達成目標は何かを明らかにし具体的行動計画に沿ってステップを踏む行動主義的カウンセリングは、臨床的カウンセリングに比べるとクライエントが抱えている心の深いところに存在する問題を解決するよりも、クライエントのスキルの獲得（面接を初めとするいろいろなスキル、転職、キャリア開発計画、就職活動など）を実践的に支援する点において非常に有効なカウンセリング技法である。

行動科学的アプローチ法に関する代表的な理論家であるクランボルツは、この行動主義的カウンセリングはクライエントが望む結果をもたらす行動を実際に学習することを支援する点に焦点をあてることが重要であり、クライエントの心理学的分析を広

範囲に行う必要はないと述べ、行動の学習による問題解決に重点をおくカウンセリングであるとしている。キャリアカウンセリングでは、非常に有効な実践的方法であり効果も明確で分かりやすい点から、現在積極的にキャリアカウンセラーに活用されている技法である。

第三節　論理療法・認知療法によるキャリアカウンセリング

論理療法や認知療法は「認知的アプローチ」を行う新しいカウンセリングの方法であり、問題行動や情緒的混乱に影響を及ぼす内的な認知過程に注目する療法である。

論理療法によるアプローチ

エリス（Ellis, A）は一九五五年に論理療法（Rational Emotive Therapy - ＲＥＴ）を提唱した。エリスは思考の過程に焦点を当て、クライエントの問題とそれに付随する不快な感情は過去のできごとによって引き起こされるというよりは、その事実を「どのように受け止め、捉え、意味付けているか」によって生じると考えた。すなわち、問題の源は外界や環境、過去のできごとそのものにあるのではなく、その個人の「認知」と「考え方」すなわち「ビリーフ—belief」にあるとした。

そして、エリスは行動主義的アプローチに関心をもち、さまざまな技法を統合し、折衷的な方法をあみ出している。エリスは次のように考える。問題の原因は個人の「非論理的な思考」すなわち「イラショナルビリーフ—irrational belief」にあり、「こうありたい」を絶対に「こうあらねばならない」と考え自分自身を強くしばりつけ、その思考を柔軟に変えることができないことが原因となって問題は起きると考えた。

そして、エリスは論理療法の基本的な考え方としてＡＢＣ（ＤＥ）モデルによって表した、（図—9）参照。

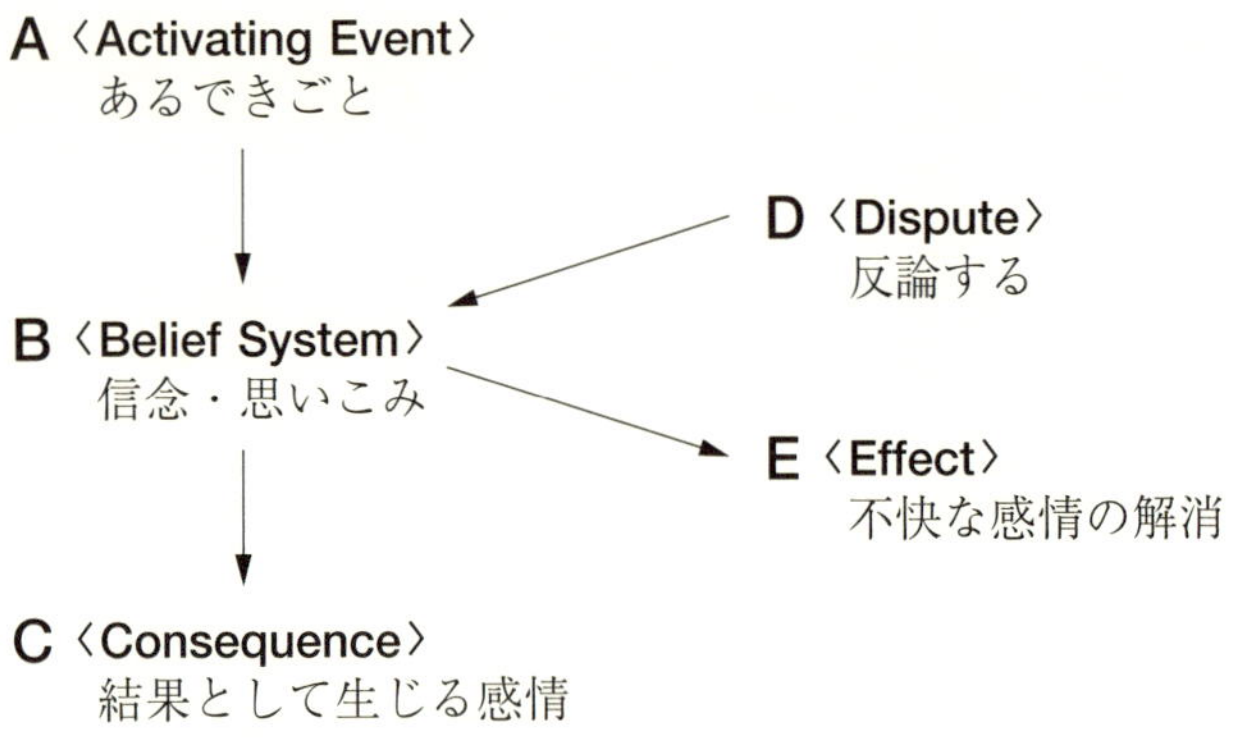

図9．エリスのABC（DE）のモデル

A、(Activating Event) ——問題のきっかけ、その人が混乱させられるきっかけとなったできごとやものごと

B、(Belief System) ——その人が信じている思い込み、その思い込みが論理的であるかないかによって結果が異なる

C、(Consequence) ——AをBによって判断した結果生じる感情

D、(Discriminant and Dispute) ——不快な感情をもたらした非論理的な信念を明らかにしそれに徹底的に反論して粉砕すること

E、(Effect) ——合理的な信念を獲得し不快な感情が解消されること

すなわち、このモデルでは不快な感情(C)はそれに先行するできごと(A)によって引き起こされるのではなく、その人の非論理的な信念(B)によって発生する。したがって、不快な感情をもたらした非合理的な信念(B)に反論(D)を加え、論理的な信念を獲得し、不快な感情を低減することができた時、効果(E)がもたらされる。

このようなモデルを用いて説明する論理療法の目的は、非合理的な信念を現実的で論理的な信念に変えることであり、認知・感情・行動などに総合的に働きかけること

によって行われる。クライエントのもつ非論理的信念にカウンセラーが反論することによって、「どうしてそのような考えをもつのか」（私のように○○大学を出てないものはどうせ努力してもダメ、認められっこない）、その理由や根拠を尋ねる。しかし、クライエントはその考え（非論理的信念）に対する確固たる根拠や理由がなく、カウンセラーにうまくそのわけを説明できない。そこで、自分が固執していた考えが非合理的で現実にそぐわないことに次第に気づくようになる。

その後、現実にあわせて合理的な観点から新たに「人生哲学」をカードに書き、何度も声を出してよみあげ自分自身に言い聞かせる。これは「自己宣言法」といわれ、反論説得法の効果を高めたり、効果的な人生哲学をクライエントに浸透させるのに効果的である。この他には、感情や行動に働きかけるユニークな方法として、「羞恥心粉砕法」、「役割交換法」、「ユーモアソング」（クライエントの非論理的な信念をわざと誇張した歌詞をつくり歌わせ、根拠のないこと、つまらないことであることなどに気づかせる）などさまざまなユニークな技法をエリスは考案している。

キャリアカウンセリングの対象となるクライエントには、こうした非論理的信念（イラショナル・ビリーフ）をもっているために、行き詰まり問題を打開できず葛藤するクライエントが多い。こうしたエリスの論理療法はクライエントの誤った思い込みなどを修正し、問題解決を前向きに、理性的、現実的に行う場合に有効に活用することができる。

認知療法によるアプローチ

ベック（Beck, A. T.）はうつ病の患者の不安や抑うつ、自責の念など不快な感情は誤って学習された記憶・イメージ・考え方が習慣化した非合理的、非現実的な考え方によって引き起こされることを明らかにした。

○自動思考とスキーマ

自動思考とは自分の意思に関係なく連鎖的に浮かんでくるために次第に不快な感情が強化されることを指し、いろいろな状況によってある感情とともに、瞬間的に思い浮かぶ考えやイメージをいう。この自動思考には共通したパターンがあり、その背景には一貫した認知的構え―「スキーマ」が存在する。このスキーマは「……でなければならない」、「……であるべきだ」などという信念としてその人のなかに存在するものである。

このスキーマがあるために自動思考がおこるが、その過程に作用しているのが「認知の歪み」である。事実やできごとを歪んで認知するために、その結果不快な感情をもつと考えられる。

こうした認知の歪みには主なものとして次のような特性がある。

① 全か無か思考—白か黒か、いいか悪いか、成功か失敗か、前進か後退か、など極端な二者択一思考
(出世できなければすべて人生はおしまいだ、これに失敗したら人生は敗北だ)

② 過度の一般化—些細な事実やできごとを過度に一般化して考える
(だから女は…今の若者は…だから年よりは…)

③ 肯定的側面の否認—否定的側面をとりあげ意味付け、肯定的側面は無視する

④ 破局的な見方—わずかな困難からも最悪な破局や不幸な結末を考え決め付ける

⑤ 恣意的な推論—根拠がないのに勝手にあることを信じたり、思いつきで判断する

⑥ 誇張と矮小化—出来事や事実を実際よりも高く評価したり、反対に軽視する

⑦ 自己関連付け—本来自分とは無関係のことを自分に関連付けて判断する

認知療法ではこうした自動思考、スキーマ、認知の歪みなど認知的側面に働きかけることによって、クライエントの不快な感情を修正する方法と行動面に直接働きかける方法がある。

キャリアカウンセリングへの応用

キャリアカウンセリングにおいては、クライエントの価値観・職業観、将来の展望、ライフキャリア計画などにおける認知的な側面をとりあげ、その明確化や修正をはかる。現状や今後に対するキャリア不安をもつクライエントは、一般に非論理思考や認知の歪みが認められる場合が多い。

こうしたクライエントのもつ非論理的な信念などは論理療法や認知療法をもちいてまず修正をおこなう。将来のキャリアの方向性にかかわる不快感情をともなうカウンセリングには、不快感情を低減するための方法としてこうした認知的アプローチが有効である。こうした認知の歪みが存在するために、クライエントは非論理的、不合理な考えにとらわれているからである。

そこから脱出できない場合には、こうした非論理的信念はキャリアに関する問題解決を行う上で支障をきたすことになる。非論理的信念の例として次のようなものがある。「自分だけリストラにあったのは自分がついてないからだ。絶対、自分の人生は今後もうまくいかない。」「自分は学歴がないから、何をやってもすべてうまくいかない」「女性だからという理由で女性はみな差別されて、決して認められることはない」などと勝手に決め付け、非論理的思考をもつ。クライエントはその結果生じる不快感情が強いため、キャリア問題の解決がなかなかできず困惑しているケースが多い。

したがって、こうしたクライエント（歪んだ認知により自分の進歩が阻まれているようなクライエント）にはカウンセラーは論理療法、認知療法的アプローチを行い、クライエントの非論理的信念、認知の歪みの修正を積極的に行い、現実に即した論理的思考にもとづいたキャリア選択、意思決定、具体的なキャリア計画を作成し、キャリアサポートをおこなうことが求められる。

第四節　カウンセリング理論のキャリアカウンセリングへの適用と限界

キャリアに関連する問題を抱え悩み、葛藤するクライエントは、同時にクライエントの能力、性格、経済、生活、家族などに関する問題を抱えていることが多く、キャリア問題とこうした問題をまったく切り離して考えることはできず、相互に不可分の関係にあるといえる。

このためキャリアカウンセリングの過程では、おのずからさまざまな分野のカウンセリングに発展する可能性がある。したがって、キャリアカウンセラーはこうしたカウンセリングの諸理論とその技法を心得、クライエントの問題とその内容によっては、臨機応変に問題解決のサポートに最も効果的なカウンセリング技法を選択し、柔軟に使い分けることができることが望ましい。

キャリアカウンセリングに最も関係のある有効な理論や技法を三つあげるとしたらそれらは次の理論と技法であろう。それらは、①特性因子論的カウンセリング、②来談者中心的カウンセリング、③行動的カウンセリングである。

①　特性因子論的カウンセリングにおいては、クライエントの諸特性と職業・職務のもつ要件とのマッチングを行う。カウンセラーはまずさまざまな心理検査などを用いてアセスメントを行い、クライエントの特性を正確に分析し、診断にもとづいてキャリア問題に関するカウンセリングを行う。

人と職業・職務のマッチングに主たる重点をおくため、クライエントの心理的・情緒的側面が軽視されがちである。また、カウンセラーが主導権を発揮し、リード、指示・助言するカウンセリングであることから、カウンセラーの技術にもっぱら重点がおかれ、対等な相互関係、協力関係というよりはカウンセラーが中心、主体となり、カウンセラーの権威や責任が大きくなりがちであることへの批判もある。しかし、現実には仕事と人をマッチングさせることによって、簡便に対応できるキャリアカウンセリング方法としてよく一般的に幅広く活用されているものである。

②

来談者中心カウンセリングでは、クライエントを人間的に尊重しその主体性を大切にする。クライエントの話を積極的に傾聴しながらクライエントをありのまま受容、共感的に理解しながら信頼関係を築き、クライエントの成長力に深い信頼をよせながら非指示的カウンセリングを行い、問題解決の支援を行うことをそのねらいとする。したがって、来談者中心的キャリアカウンセリングでは、クライエントに対し心理検査などを行うことによって診断、評価することに対しては消極的である。

また、カウンセラー自身の考え、解釈、評価などを与えず、あくまでもクライエント自身が自らに深く気づき、主体的に意思決定をおこない、自分のライフキャリアの選択を自ら行うことを側面からサポートする方法である。このため、他のカウンセリング技法に比べて、クライエント理解のための客観的な情報、判断材料の収集とその実際的活用を欠くという弱点をもつために、キャリアカウンセリングの具体的問題解決が充分機能しがたい面もあり、おのずから限界も存在するといえる。しかし、すべての技法に共通するベースに存在するものとして、技法の修得は欠かせない。

③

行動主義的カウンセリングは、学習理論をその基盤としており、情報の収集、目標の設定、達成方法の策定、具体的行動計画、効果測定などを行う点に関しては、非常に行動科学的、客観的・論理的であり、大変分かりやすく具体的で、短期間にカウンセリングの効果をあげることができるメリットが存在する。

メンタルなカウンセリングに比べて、キャリアカウンセリングは、情報（クライエント自身の情報、キャリア情報、労働市場・職業情報など）が非常にカウンセリングに重要な役割を果たしており、選択肢の選定と意思決定にこうした情報は大きな影響をあたえる不可欠のものである。

また、カウンセラーはこうした情報をもっているか、現在所持していなくてもすぐに情報を検索して調べ、クライエントに情報提供することができなければ効果的なサポートはできない。

したがって、行動主義的カウンセリングにおいてはカウンセラーは指示的、主導的であり、有効な情報提供をしながら、助言・指示を与え、あるときは積極的にカウンセラーがリードし、クライエントにかかわるカウンセリングである。

以上、主な三つのカウンセリング理論をそれぞれキャリアカウンセリングへ適用する場合の特性を簡単に述べたが、最も効果的な運用としては、カウンセリングの原点となる基本姿勢をまず来談者中心カウンセリングにおき、クライエントとその抱える問題内容、状況に応じて、その他のさまざまな技法を柔軟に活用し、幅広い情報収集と診断、助言・指導、情報提供を行うことができることがキャリアカウンセリングを効果的に進める方法であると考える。

以上より、キャリアカウンセリングは折衷的カウンセリングであり、包括的・統合的カウンセリング技法によるアプローチが最も求められるカウンセリングであるといえる。したがって、キャリアカウンセラーには、さまざまなカウンセリング理論を統合する折衷的・包括的な高度なカウンセリングスキルが求められ、クライエントの抱える問題（メンタルな部分も含めたキャリア問題）に柔軟かつ効果的に対処できる実力が必要とされる。

このように、キャリアカウンセラーにはカウンセリングに関する知識と技術に関して、高度な専門性が要求される。キャリアカウンセリングはメンタルなカウンセリングよりもずっと平易であり、簡単な勉強や短期のトレーニングですぐさまキャリアカウンセラーを養成できるといった安易な考え方は改められなければならない。

第四章

キャリアカウンセリングの進め方

キャリアカウンセリングは、もしクライエントの相談内容や抱える問題が明確である場合は、比較的短期間で方向性を導き出し、終了することが可能である。例えば「転職したいが自分の適性を知りたい」「転職したいが、三年計画で資格をとりたい。どのようにしたら資格は取れるか、資格をとった後求人はあるのか」「将来、社内で輸出関係の分野の仕事に携わりたいが、そのためには今からどのような経験、勉強をしたらよいか。その前提条件は何か」といったキャリア相談である。

しかし、クライエントが突然のリストラ、会社の倒産などにあい、精神的なショックをだいぶ受け、自尊感情が傷ついている様子がうかがえるような場合には、キャリアカウンセリングのスタート時は、まず何よりもクライエントのメンタルケアから入らなければならない。初期の丁寧なカウンセリング過程で次第に気持ちが落ち着き、精神的に安定し、今後の方向へ目を向けることができるようになるまでは、少し時間をかけて心の整理、感情の処理、自己洞察をする必要がある。

したがって、キャリアカウンセリングの導入のしかたと進め方については、クライエントのおかれた心理状態、相談内容、クライエント特性の把握、抱える問題の種類、内容をまず正しく理解する「クライエント理解」から入らなければならない。仕事上思わぬできごとに遭遇し、精神的に傷つき自尊感情を低下させている場合、カウンセリングの初期目標は、精神的回復である。そのためには、まず何よりもクライエントの話に傾聴し、無条件の肯定的関心を向けながら、温かく受容し、共感的理解をおこない、クライエントと信頼関係（ラポール）を築くことが欠かせない。そして、精神的な落ち着きをとりもどすこと、自分自身と置かれた現在の状況を冷静に客観的にとらえることができるようになるまでは、時間をかける必要がある。決して初めから今後のキャリア問題解決を急いではならない。その後、キャリアに関するテーマ、焦点を今後への方向性にゆるやかに向けスモールステップで段階を踏みながら、問題解決支援のカウンセリングステップを具体的に実行していく。

そこで次に、キャリアカウンセリングの一般的なステップをたどりながら、カウンセリングの進め方について「七つのステップ」に分けて考えてみる。

ステップ①—信頼関係（ラポール）の構築
ステップ②—キャリア情報の収集
ステップ③—アセスメント—自己分析、正しい自己理解
ステップ④—目標設定
ステップ⑤—課題の特定

ステップ⑥—目標達成へ向けた行動計画
ステップ⑦—フォローアップ、カウンセリングの評価、関係の終了

第一節　ステップ1……信頼関係の構築（ラポール）

まずキャリアカウンセリングのスタートにあたり、何よりもカウンセラーとクライエントが相互に信頼関係を築くことが欠かせない。カウンセリングのなかでクライエントが自分自身のライフキャリアについての過去・現在・将来に関する非常にプライベートな情報をカウンセラーにありのまま自己開示することなしには効果的カウンセリングは行われない。したがって、その自己開示の前提条件となるのがクライエントのカウンセラーに対する深い信頼感である。カウンセラーとの信頼関係なくしてクライエントは本当の自分自身をありのまま、本音でカウンセラーに語ることはできない。メンタルなカウンセリングに比べキャリアカウンセラーはこのスタート時の信頼関係の構築を軽視し、指示・助言・指導的に初めからなりすぎ、ビジネスライクに先へ進みがちな傾向があるのでこの点は要注意である。

この信頼関係構築のためには、まずカウンセラーがクライエントに対し、温かくゆったりとした姿勢で向き合い、何よりも共感的な「よい聴き手」になることである。そして、来談者中心療法のカウンセラーに求められる三つの態度条件（無条件の肯定的関心―受容、共感的理解、自己一致）を大切に実行しながら、来談者の話をまず集中して傾聴する。

「カウンセリングマインド」を表すキーワードに「なおそうとするな、わかろうとせよ」という言葉があるが、クライエントを「なおそう」とするよりも「理解する」姿勢・態度を何よりも大切にすることである。絶えずクライエントの視点に一緒に立ち、問題に対するクライエントの「内的準拠枠」（どのように自分自身、抱える問題を捉えているのか）「認知―とらえかた」を理解しようとすることからカウンセリングは始まる。

第二節　ステップ2……キャリア情報の収集

クライエントに関するキャリア情報の収集を行うことは、キャリアカウンセリングのスタート条件である。クライエントに関する正しい情報なくしては次のカウンセリングステップに移行することはできない。そのためにはクライエントに上手に質問しながら、これまでのキャリア、今後のキャリアの方向性、ニーズなどについて詳しく尋ねる。キャリア情報についてクライエントから収集するものはおおよそ次のような情報である。

① 学歴（年代の新しい順番に尋ねる、学位、得た資格、活動など）
② 職歴（年代の新しい順番に尋ねる、そこでの役職、具体的職務内容、評価された業績、給与、前職を辞めた理由など）
③ 学校や職務を通してこれまでに獲得した経験・知識、スキル、資格など、その中で、広く汎用性のある、他にも移行可能、有効活用できるスキル（transferable skill）はあるか
④ 将来のキャリアに関する興味・関心ある分野、職業、職務内容、キャリア目標とその優先順位（収入、勤務地など優先条件）、その根底にある価値観、人生観、自分のキャリアニーズは何か（職業選択、キャリア転換、社内異動なども含む）
⑤ 家族状況（今後のキャリア選択に影響したり、障害になると予測される状況は

あるか）

⑥ キャリア選択上で強みとなるもの、プラスとなる強みには何があるか（経済的余裕、時間的余裕、豊富な人脈、育児・家事をサポートしてくれる人なども含む）

⑦ キャリア選択上で障害となるもの、阻害要因となるものはあるか、それは何か

これらの情報を手際よく収集するためには、キャリア記録用紙（インテークフォーム）をつくり、あらかじめクライエントに記入できるところは記入してもらうことも可能である。カウンセラーはクライエントに質問しながら簡単なメモ程度の記録を行う。細かく記入する場合にはカウンセリング終了後が望ましい。このような情報をクライエントから収集する傍らで、カウンセラーはクライエントのもつ具体的な「キャリアニーズ」や「キャリア上の問題」を特定していく。このステップ②（キャリア情報の収集）を丁寧に行うことによって、クライエントに関する豊富な情報を収集し、次の段階である目標設定や行動計画が可能になる。

第三節　ステップ3……アセスメント

キャリアカウンセリングにおいて何よりも大切なことは、クライエントが正しく客観的に「自己理解」できるように、カウンセラーがサポートすることである。人は自分のことは自分が一番分かっているようでいて、必ずしもそうではない。「自分は何が好きなのか」「自分は何がしたいのか」「自分はどうありたいのか」「適性は何か、何に向いているのか」「何が強みか、弱みか」など自分自身に関する重要なことであっても、漠然とした不明瞭な部分を持っているのがクライエントの一般的特性である。したがって、「正しい自己理解」はキャリアカウンセリングの重要な部分である。

アセスメントによる自己理解、クライエント理解の方法としては、つぎのような方法がある。

(1)　アセスメントツールの利用

統計的手法によって信頼性・妥当性が高く客観的かつ科学的方法による測定を行う。性格、適性、スキル、分野別能力などを測ることができる。信頼性・妥当性の高い診断テストを用いて診断するフォーマル・アセスメントと、カウンセリング場面で実施しクライエント理解のヒントを得るインフォーマル・アセスメントの二つがある。

(2)　ワークシートの活用

ツールを用いた診断を行わなくてもワークシートを利用して自己分析を行う方法がある。ワークシートにしたがって記入しながら自己理解を深めるやり方であり比較的簡単に自分に関する客観的情報を得ることができる。これまでを振り返り、「担当職務内容」の棚卸、「知識・スキル」の棚卸をしたり、「強み・弱み」を書き出し分析、また職業選択における条件を重要な順に優先順位をつけるなど、実際にワークを行いながら自己分析・自己理解を行うものである。

(3)　カウンセリングの対話を通してクライエントの自己理解を深める

カウンセリングのなかでカウンセラーがクライエントに対し質問を上手に行いながら、引き出すやり方である。「何をしたいのか」「どうありたいのか」「何ができるのか」「なぜそうしたいのか」「具体的目標は何か」「どのように達成できるのか」などを尋ねる。クライエントは自らを自己洞察し、自分自身の内面を言語化することによって、自己を明確化し、自分に気づき、自己理解を深めることができる。シュロスバーグの理論における「4S」- 状況（situation）、自己（self）、支援（supports）、戦略（strategies）にもとづいて質問することもクライエント理解の有効な方法である。

(4) アセスメントの四つの目的

(i) 予測——（Prediction）——クライエントの仕事上のスキルや興味、関心、価値観は何か、またどのようにしたらそれらをクライエントのキャリア目標に調和させることができるかを考える手段とする

(ii) 判別——（Discrimination）——クライエントのもつ能力、スキルと特定の仕事の分野で必要とされる能力、スキルを比較するために用いる、クライエントのこれまでのキャリアが今後のキャリア選択のなかでどこに当てはまるかを判断する

(iii) モニタリング——（Monitoring）——クライエントはある特定の種類の職業、職務を選択する準備ができているか、それに対する成熟度はどうかなどを調べる

(iv) 評価——（Evaluation）——さまざまなツールを用いておこなったアセスメ

ント結果を解釈したり、クライエントのキャリア目標が設定した通りに達成
できたかどうかを評価する

(5) フォーマルアセスメント

フォーマルアセスメントのツールには多様な種類が開発されており、クライエントの自己理解を促すアセスメントとして利用することができる。アセスメントには、性格、興味・関心、価値観などを調べるもの、職業適性、能力・スキルを診断するものなどいろいろな目的にそったものがある。

フォーマル・アセスメントを大きく分類すると次のようになる。測定要素としては、①性格、②興味・関心、③価値観、④基礎能力、各種能力、⑤スキル、⑥コンピテンシーなどである。このコンピテンシーの概念は比較的新しいものであり、「必要充分な能力を有している状態、生活・人生にとって必要で便利な手段に満ちていること」と言う意味があり、キャリアの観点からの意味としては「職場や集団の要求する条件に対して、必要充分な能力を有していること」と定義されている。

(6) アセスメントを行う場合の事前の注意事項・心得

(i) アセスメントを選択する場合にはキャリアプランに必要な情報を正確に得られるアセスメントを選ばなければならない

(ii) アセスメントはあくまで自己理解のための補助手段であり、クライエントのすべてを正確に表しているわけではない、単にキャリアカウンセリングを効果的におこなうための情報提供手段である

(iii) アセスメントの結果とそこから得られる情報は、周囲の環境、個人的背景などをともに考慮にいれながら結果を解釈することが必要である

(iv) アセスメントはひとつだけに頼ることなく何種類かを同時に組み合わせる(テストバッテリーを組む)、さまざまな切り口からクライエントを理解し多面的にアセスメントをすることができる

(7)フォーマル・アセスメントの種類

フォーマル・アセスメントとはクライエントのスキルや能力を予測し、クライエントの職業選択においてどこに焦点をあわせればよいかを理解するサポートを行うためのものである。キャリアカウンセリングにおいてキャリアの方向性を選択する際の意思決定、教育訓練プログラムの設定、選択する時などに活用するが、一般的

にキャリアカウンセリングにおいて用いられているフォーマル・アセスメントには次のようなものがある。

(i)　知能検査―個別式、集団式など、大きく分類するとビネー式知能検査（田中ビネー、鈴木ビネー式検査）とウェクスラー式知能検査（WAIS、WISC、WPPSI）がある、学校における進学・進路などの参考に用いられている

(ii)　学力検査―学力を偏差値に換算して学力を全国水準と比較することができる

学校場面で進学・進路を選択、決定する場合に客観的能力を教師が把握することができる

(iii)　性格検査―Y-G（矢田部―ギルフォード）性格検査、五五〇項目からなるMMPI（ミネソタ多面性性格検査）、ユングの向性テスト（内向性、外向性度を測る）がキャリアカウンセリングで簡単に使用できるものとしては、Y-G性格検査が一般的であるが、アメリカのキャリアカウンセリングで最も活用されているツールとして、MBTI（Myers Briggs Type Indicator）がある

(ア)　ＭＢＴＩ（Myers-Briggs Type Indicator）

この「ＭＢＴＩ」は一九六二年にアメリカで「ユングの性格類型論」にもとづいてマイヤースとブリッグスによって作られたもので、現在ひろく世界で有効に活用されており、現在キャリアカウンセリングの重要なアセスメントツールになっている。

ＭＢＴＩは個人の性格を「心の機能と態度」の側面からみる。それらは、

①感覚か・直感か（もののみかた）―（Ｓ）Sensing, または（Ｎ）Intuition
②思考か・感情か（判断のしかた）―（Ｔ）Thinking, または（Ｆ）Feeling
③外向か・内向か（興味関心の方向）―（Ｅ）Extraversion, または（Ｉ）Introversion
④判断的態度か・知覚的態度か（外界への接し方）―（Ｊ）Judgement または（Ｐ）Perception

の四指標で表され、性格のタイプを十六タイプ（例――ＩＳＴＪ、ＩＳＴＰ、ＥＳＴＰ、ＥＳＴＪなど）に分けるものである。

キャリアカウンセリングではこのMBTIの結果により、興味関心の方向、何に満足を得やすいか、自分の強み・弱みなどについての確認などを行いながら、クライエントの特性を明らかにし、自己洞察、自己理解を深める。また、MBTIの結果にもとづき、どの分野の職業が適しているかなど性格と職業のマッチングにも有効に用いられているツールである。

(イ)　作業検査法――代表的なものとして内田・クレペリン精神作業検査がある。簡単な一桁の数字を加算する作業を連続して行い、その作業結果や遂行過程の分析を行う。加算作業中の精神の緊張や弛緩、意思的な努力、疲労、興奮などから性格特性の診断を行う。結果の解釈は熟練を要するため安易な解釈は避けなければならない。

(iv)　適性検査、興味関心検査――クライエントは「適性を知りたい」「どのようなキャリアの方向性が自分にふさわしいか、客観的に調べたい」とカウンセラーに相談に来る。こうしたクライエントには、将来の自分のライフキャリアの方向性に関する不安があることがうかがえる。こうしたクライエントに適性検査を行う場合は、何のために適性検査を行いたいのか、クライエントのニーズをよく理解した上で判断する必要がある。

ここでの適性とは、キャリア選択の決定や特定の活動を行う場合の潜在的な特性や能力（才能）などを指し、キャリアカウンセリングでは適性検査は大切なアセスメントである。最近では適性検査の診断処理にコンピュータが導入され手軽にアセスメントができるようになった。

主な適性検査としては次のようなアセスメントがある。

(ア)適職診断検査（ＣＰＳ－Ｊ——Career Planning Survey- Japanese Version）

ホランドの理論にもとづきアメリカで開発されたもので、一九九八年に日本版ができた。「職業興味」と「能力に関する自己評価」の側面から適性を診断するものであり、この結果からカウンセリングに必要な情報を収集することができる。

検査内容としては、検査一の興味検査（一五〇項目）、検査二の能力自己評価検査（一五項目）から構成されている。結果は、ワールド・オブ・ワークマップという円形の評価図（69ページ、図―5参照）をもちいて表され、興味検査と能力自己評価検査の結果から一二のキャリアの領域のどこかに位置付けられるようになっている。自分のキャリアの今後の方向性やセカンドキャリアを考える場合などに活用されるツールである。

(イ)一般職業適性検査（ＧＡＴＢ――General Aptitude Test Battery）（労働省編）

この適性検査は、九種類の適性能力（個人が仕事を遂行する上で必要とされる九種の能力）を測定するために一六種類の下位検査（一一種類の筆記検査と四種類の器材検査）を行いその組み合わせで診断する方法をとっている。測定される九種類の適性能力にはつぎのような能力がある。知的能力（Ｇ）、言語能力（Ｇ）、数的能力（Ｎ）、書記的知覚（Ｑ）、空間判断力（Ｓ）、形態知覚（Ｐ）、運動共応（Ｋ）、指先の器用さ（Ｆ）、手腕の器用さ（Ｍ）である。

この職業適性検査は企業などにおいて、社員の希望や適性能力などを考慮し、職種別の配置や配属先を決定するときなどに、配置先決定の参考情報の一つとして活用されている。

(ウ)職業興味検査（ＶＰＩ――Vocational Preference Inventory）

ホランド理論にもとづき日本の雇用問題研究会が作成した検査である。この検査は「興味領域尺度」と「傾向尺度」から構成されている。クライエントに一六〇種類の職業を示し、それらに対する興味・関心があるかいなかを答え、その上で六種類の職業興味領域に対する興味・関心の強さをはかり、心理傾向の五領域のどこに属するかを診断するものである。

多くは学生の就職準備のためのアセスメントとして活用されたり、転職に関するキャリアカウンセリングのための情報収集のアセスメントとしても用いられている。

○興味領域（興味をもっている職業の分野）尺度としては次のようなものがある。

・R（Realistic——現実的）——機械や物を対象とする具体的で実際的な仕事や活動に対する好みや関心の強さ
・I（Investigative——研究的）——研究や調査などのような研究的、探索的な仕事や活動に対する好みや関心の強さ
・S（Social——社会的）——人に接したり奉仕したりする仕事や活動に対する好みや関心の強さ
・C（Conventional——習慣的）——定まった方式や規則にしたがって行動するような仕事や活動に対する好みや関心の強さ

・E（Enterprising——企業的）——企画や組織運営、経営などのような仕事や活動に対する好みや関心の強さ
・A（Artistic——芸術的）——音楽、芸術、文芸など芸術的領域での仕事や活動に対する好みや関心の強さ
○傾向（職業興味以外の心理的諸傾向）尺度にはつぎのようなものがある。
・Co——個人が自分の衝動的な行為や考えをどの程度統制しているか
・Mf——一般に男性が好む職業にどの程度関心をもっているか
・St——社会的威信や名声、地位や権力に対して、どの程度強い関心をもっているか
・Inf——職業に対する見方がどの程度、常識にとらわれず、個性的であるか
・Ac——どのくらい多くの職業を選んだかを示す
この他には、職業レディネステスト（VRT）、教研式職業興味・志望診断検査、管理者適正検査（NMAT）、中堅社員適正検査（JMAT）などがある。

(8) インフォーマル・アセスメント
インフォーマル・アセスメントはフォーマルアセスメントのようには体系化、規

格化されたものではなく、決まった基準や解釈の方法はない。カウンセラーがインフォーマル・アセスメントをつくることも可能である。インフォーマル・アセスメントには次のようなものがある。

i　チェックリスト法

チェックリスト法はある特徴（性格、行動特性、強み、スキル・能力、価値観など）をリストにし、クライエントに提示する。クライエントはそのなかから自分に該当する特徴を選択する。カウンセラーはなぜクライエントがそれを選択したかを尋ねることによって、クライエントの自己理解を促すものである。

ii　カードソート（カード分類）法

例えば、クライエントの「価値観」をカードソートによりアセスメントする場合には、さまざまな価値（収入、自由、時間、挑戦、創造性など）が一枚一枚に書かれたカードを提示し、クライエントが自分の価値観に合致したカードを選択し、重要度にしたがって優先順位をつけ自分が何に価値を置いているのかを理解する方法である。このカードソートによりクライエントは自分のライフキャリアにおいて大切にしたい価値を理解することができ、その上でカウンセラーと今後の方向性に関してより具体的に話し合うことができる。

このようなカードソート法などによる「価値分析」は、キャリアカウンセリングのなかで非常に重要であり、キャリア選択の価値基準を明確化することにより、今後のキャリア・アンカーや方向性を明確化することができる。すなわち、個人の価値観はライフキャリアの根底をなし、その価値観（人生観、労働観）に基づいて最終的にキャリアが選択され決定されるからである。

iii　選択の強制

キャリアカウンセリングをグループで行う場合などに使われる。カウンセラー（ファシリテーター）が参加者全員に質問をし（リーダーシップをとるのが好きか、それとも人のあとについていくのが好きか）、（給料がいい方を選ぶか、やりがいがある方を選ぶか）など参加者の回答別にグループ分けをし、なぜその答えを選択したのかなどをグループ別に話し合わせる。この過程でクライエントは自分が何を選択したか、どのように意思決定したかについて、自己理解を深めることができる。

このようにインフォーマル・アセスメントは、カウンセラーが自分で考えながらクライエントにあわせて臨機応変に行い、クライエントが不安を感じることなくキャリア選択や転職を考える機会を与えることになる。しかし、一方で主観的である、時間がかかる、解釈に時間がかかるなどの問題があることも心得ておく必要がある。

(9) コンピュータによるアセスメントと情報の収集

アメリカではＩＴの急激な発達とともに、コンピュータによるアセスメント、キャリア情報の収集などが盛んに行われるようになり、キャリアカウンセリングにコンピュータシステムが導入され、現在では活発に利用されている。

コンピュータを利用したキャリアガイダンスをＣＡＣＧ（Computer Assisted Career Guidance）といい、その基本的な要素は、①評価、②探索、③情報提供である。このコンピュータシステムはクライエントに個人情報を入力させ、その結果個人特性を明確にし、その特性にあった職業を検索し、職業情報を含むキャリア情報をクライエントに提供することができるシステムである。総合的なキャリアガイダンス機能を有しており、クライエントはコンピュータと対話しながらステップごとに進み、情報を得ることができる。

このようなコンピュータのＣＧＣＡシステムの目的は次の通りである。

㋐ クライエントの意思決定能力や職業選択能力を向上させる
㋑ 職業に対する理解を深める
㋒ 興味・関心、価値観、能力などに関する自己理解を深める

コンピュータによって得られたこれらの情報にもとづいて、クライエントがキャリアの方向性についての意思決定を行い、効果的なキャリアプランを作成することをサポートするものである。

よく使われているシステムには、アメリカの「DISCOVER」、「SIGI―PLUS」などがある。他にもイギリスの「PROSPECT」、カナダの「CHOICES」などがある。

○「DISCOVER」のシステムの構成
DISCOVERは次のような九つのステップで構成されており、全体を通してクライエントの進路選択をサポートするものである。

① キャリア探しの旅のはじまり……システム利用のしかたに関する説明、システム全体の概観と個々の利用者のニーズに応じた進め方などの説明により導

入をおこなう

② 仕事の世界について学ぶ……ワールド・オブ・マップ（ホランドの理論図―5を参照）を用いて、一二の職業群についての知識を学習する

③ 自分自身について学ぶ……クライエント自身の興味、能力、価値観、経験に関する自己評価をおこない、自己理解をする

④ 職業を見つける……自己評価結果にもとづいて適職リストを検索する

⑤ 職業について学ぶ……適職リストにあげられた職業に関する詳細な職業情報を学ぶ

⑥ 教育コースの選択を行う……その職業に必要とされる教育、学歴情報、その教育内容について学ぶ

⑦ 次のステップを計画する……自分に相応しい教育コースについての情報にもとづいて教育や訓練のための詳しいリストを作成しステップを計画する

⑧ キャリアプランをたてる……人生役割を統合し、将来のライフキャリアプランを作成する

⑨ キャリア転換にそなえる……将来のキャリアプランに沿って今後発生することも予想される課題に対してその対処方法を学習する

コンピュータを用いた「ＤＩＳＣＯＶＥＲ」システムによるこうしたプロセスは、キャリアカウンセリングの過程を実際にシミュレーションしたものとなっている。

このようなコンピュータを利用したキャリアアセスメント、情報の収集は今後ますます開発され、さらに機能が充実し、クライエントは比較的短時間でキャリアカウンセリングを自己体験できるようになることが予測される。そして、このようなコンピュータの発達によって、現在では最新の職業情報、企業情報、労働市場・求人情報などをインターネットを利用して、クライエント自身が自由に豊富な情報を収集できる時代になった。

したがって、カウンセラーの役割として、クライエントがコンピュータを利用、活用するスキルを支援することや、データの情報収集・管理はむしろコンピュータに任せて、カウンセラーはコンピュータから得た多くの情報をもとに、クライエントの「キャリア選択」や「意思決定」をサポートすることが、今後の最も重要なキャリアカウンセリングの部分となるであろう。情報検索、情報収集をコンピュータに任せて、カウンセラーはクライエントの話を傾聴し、心の問題やキャリアに関する問題を整理しクライエントのライフキャリアの問題解決を支援するという本来のカウンセラーの役割を果たすことにエネルギーを集中することができるだろう。

第四節　ステップ4……目標の設定

人は明確な目標を設定し、目標をもつことにより、目標を意識するようになる。このような意識変化は目標達成にむけた具体的な行動を促すことになる。

キャリアプランニング・プロセスにおいては、①目標の設定→②課題の特定→③行動計画がその一連の流れとなる。まずキャリア目標を設定することから始まり、他の選択肢の特定、情報の収集、選択肢の比較検討などを通して最終的に意思決定を行いキャリア選択が行われる。

例えば、大学生が将来キャリアカウンセラーになるために、二年後大学を卒業したら「アメリカの大学院に留学しキャリアカウンセリングを学びたい」と言う目標をもったとする。留学を強く意識化するにつれ、目標達成のために英語を学び準備しつつも、どこの大学院が自分にふさわしいかを情報検索し、多数の選択肢のなかから自分のニーズに最も合致する大学院を決定・選択し、実際に願書を提出する、渡航し勉強に入る、という一連の行動を行う。このように目標が明確化され、目標設定が具体的にできれば、目標達成のための具体的戦略、行動計画を立てることができる。二年後の大学院留学はさしあたっての短期目標であり、将来キャリアカウンセラーを目指すというのはキャリア計画の長期目標最終ゴールとなる。

クライエントによって目標はさまざまであるが、キャリアカウンセリングにおける目標設定の基本的ステップは次に示す通りである。

① どのような問題を解決したいのか、達成目標を明確化する、目標の達成基準を明確化する

② その問題解決のためにはどのような選択肢があるかを情報収集し整理、検討する

③ 目標を達成するための具体的行動計画、戦略をたてる

つまり目標とは、問題の解決として望ましい「最終的結果」のことであり、目標を表す場合には明確な表現で、「何を、いつまでに、どれくらい」と時間とスケジュール、その達成基準も設けなければならない。目標設定をおこなう場合は、面接によるクライエントからの情報収集やアセスメントにより得られた判断材料となる多くの情報を有効に活用する。クライエントの性格、興味・関心、価値観、経験、能力、強み、

障害となるもの、サポートシステムなどを参考にしながら、クライエントの真のニーズを明確化しクライエントの能力にみあう現実的な目標を、クライエントとよく話し合いながら設定する。

この場合、まずスタートとして半年から一年という比較的短期間で達成可能な短期目標の設定から行い、中期、長期目標にアップしていくことが重要である。また目標は達成度が測定できるように、達成基準を数値化するなど（英会話が堪能になりアメリカの大学院の授業についていかれるようにする→ＴＯＥＩＣ六五〇点以上をとるなどできる限り具体的な数値を示す）明確な基準を設けることも忘れてはならない。

そして達成にいたるステップを小さなステップに分け（半年後には五五〇点、一年後には六五〇点獲得を目標）達成度をスモールステップで明らかにする。このように目標を明確化し具体的に分かりやすく表現しておくことは、次の段階における目標達成のための行動計画がつくりやすくなるからである。

また、目標設定時には、目標が次のような五つの条件を満たすことが必要である。

(ア) 現実的目標であること─どんなに素晴らしいキャリア目標であっても、あまりにも現実離れした目標は達成の可能性は少ない。このため、時間がかかっても実際に達成可能かどうかを見極めることが必要である。環境的に許されるか、経済的にはどうか、能力的にはどうか、時間的余裕はあるかなど現実的な問題が解決されなければならない。

(イ) 理解できる目標であること――カウンセラーがクライエントの目標について聴いても、理解できないものであれば、もう少し具体的で、理解可能な目標を設定するように指導する。

(ウ) 目標は予測可能であること――目標は現実的、理解可能であると同時に今後の達成にむけたプロセスが予測可能であり、その進捗状況、途中の達成状況を客観的に理解、評価できるものであることが必要である。

(エ) 行動計画が立てられる目標であること――目標設定の後、達成に向けた具体的行動が実際にとれること、その行動計画を具体的、現実的にたてることが可能でなければならない。

(オ) 合意が得られる目標であること――目標に対し、相手先、周囲の合意が得られる目標であることも重要な条件である。海外の大学院留学であれば入学先の大学の許可がなければならないし、また、渡航費用・学費・生活費などの資金援助が得られるかどうかも合意が必要である。特に、転職などキャリア転換時には家族など自分を支えてくれる人達の合意を得られることも必要な条件となる。

第五節　ステップ5……目標達成のための課題の特定

クライエントが設定した目標をより効果的に達成することを可能にするためにはどのようなアプローチ方法があるか、どのような情報がさらに必要かなど、目標達成のための課題を特定する。

例えば、会社勤務のかたわら勉強し将来に向けて準備し、早期退職を期に五十歳からはキャリアカウンセラーになりたいという目標があるサラリーマンの場合には、具体的にカウンセラーになるためにはどうしたらよいのか、どのような勉強の仕方があるかなど課題を特定する。カウンセラーにもいろいろな種類、資格があること、勉強の方法も民間のカウンセラー養成機関、通信教育、大学、大学院などさまざまな方法があることなどについてカウンセラーは情報を提供し、クライエントが目標達成するための方法は何か、そのために今必要な情報は何かを絞り込む。

この課題の特定のステップでは、カウンセラーはクライエントが目標達成に向けたさまざまなアプローチ法を見つけるサポートを行う。すなわち、クライエントには選択肢を見つけ出すための情報が必要であるため、カウンセラーが持っている範囲の情報を提供したり、ほかの情報源となるものをできる限り紹介する。

情報を提供することは選択肢を見定め、それに関する情報を収集し、最終選択を行う意思決定の場合に非常に有効であり役に立つものである。情報提供を行う場合には、クライエントのニーズにもっとも適した専門機関や専門家、経験者を紹介することも必要となる。

キャリアカウンセリングにおいてはどのステップにおいても、適切な情報のある無しが鍵をにぎっており、キャリアカウンセラーはクライエントの選択肢となる最新のキャリア情報（産業情報、企業情報―社内・社外、労働市場、求人情報など）に関心をもち常に情報収集し、クライエントに必要に応じて提供できるようにするとともに、その検索方法も日頃から修得しておくことが欠かせない。

第六節　ステップ6……行動計画

目標達成のための行動計画では、①目標は何か　②達成するためにはどのようなア

プローチを行うか　③アプローチプロセスにおける各ステップの達成基準　④スケジュール、達成日を明確にする。すなわち、行動計画の四つのポイントは、A「何を」B「いつまでに」C「どれくらい」D「どのように」の四要素が含まれていることが必要である。

Bの「いつまでに」は特に大切であり、期日を決めその到達スケジュールに合わせ計画を立てなければ、「締め切りのない状態」では人は実行しない。そのため、その期日までに可能な達成目標を決め、スモールステップの小さな目標の積み重ねの達成過程を経て、大きな最終目標にいたることをクライエントにもよく理解させた上で計画をたてる。

カウンセラーはこのような4ポイント（A何を　Bいつまでに　Cどれくらい　Dどのように）をクライエントに質問して投げかけクライエント自身に考えさせ、クライエントと一緒に無理のない現実的な計画を確認しながら作成する。行動計画作成過程においてまだ必要な情報が不足している場合には、その都度情報提供を行ったり、さまざまな他の情報源を検索し、一緒に検討しなければならない。

第七節　ステップ7……フォローアップ・カウンセリングの評価、関係の終了

目標達成に向けた行動計画がうまく進んでいるか、進捗状況をフォローしながら、その過程で問題が発生した場合には相談にのり、新たな情報が必要であれば提供し、障害となっているものなど当面の問題解決のサポートを行う。もし、うまく進んでいない場合には実行状況を見ながら、原因をさぐり、解決できるものは処理する。しかし、目標や達成基準、達成計画そのものの見直しが必要である場合には、スタートに戻って全体を再度見直し、目標をはじめとして計画を部分的に修正することも必要である。

その後、設定した目標が順調に達成された場合には、キャリアカウンセリングにおけるカウンセラーとクライエントの関係の終了にむけた話し合いを行う。その話し合いの中で、目標は計画どおりに達成されたか、何か部分的に未達成のものはあるか、などクライエントにこれまでを振り返えらせ、客観的に達成度やその過程の評価を行わせる。

その上で、クライエントの合意のもと、キャリアカウンセリングを終了する。その後は、できれば電話やメールなどを活用し連絡をとり、クライエントの適応状態やその後の様子・変化などをフォローし、今後も継続して支援が必要かどうかを見極め、必要に応じてカウンセラーは適切な対応をおこなうことが望ましい。

第五章

キャリアカウンセリングの効果的な面接技法

面接とはカウンセラーとライフキャリア上の問題や具体的な目標をもつクライエントとの相互コミュニケーションの場である。面接を通じて支援関係が形成され、まず信頼関係の確立、クライエントの具体的ニーズ・問題の把握を行った上で、問題解決の支援、目標達成のための援助が具体的に行われる場である。

キャリアカウンセリングの基本的なプロセスとその進め方については第四章で述べた通りである。すなわち、①信頼関係の確立　②キャリア情報の収集　③アセスメント―自己分析・自己理解　④目標の設定　⑤課題の特定　⑥行動計画　⑦フォローアップ・評価、終了の一連の過程である。

こうしたキャリアカウンセリングプロセスにおいて、カウンセラーが用いる基本的面接技法は、どの理論にもとづくかによる相違はあってもカウンセラーのクライエントに対する姿勢・態度や話の聴き方、整理のしかた、質問のしかたなどの面接技法は根本的に共通である。したがってキャリアカウンセラーは基本的な面接技法を身につけ、効果的な面接が行えるように努めなければならない。

第一節　効果的な面接技法

座り方と姿勢

机をはさんで斜め正面、または互いに九〇度の位置関係になるように座る。真正面よりはやや斜めの方がプレッシャーがかからない。九〇度の角度は直接対面しない分、クライエントによっては気持ちが楽だが、書類などを机に置く場合空間的により狭いために、カウンセラーの記入事項がクライエントの目に入ったりする場合が考えられる。

姿勢はゆったりとイスにあまり深く腰をかけず、クライエントのほうにやや身を乗り出すような姿勢で積極的な関心を示す。脚、腕を組んだりしながら聴かない。コミュニケーションでは「非言語的な表現—ノンバーバル・コミュニケーション」が「言語的な表現—バーバル・コミュニケーション」以上に意味があり、クライエントがさまざまなメッセージを伝えていることをカウンセラーは忘れてはならない。クライエントの話し方、表情、目つき、態度、姿勢などには多くの心理的メッセージが含まれている。

視線を向ける――アイコンタクト

まず何よりも、クライエントが話しているときは、温かく相手を受け入れるような雰囲気で相手に視線を向け、表情を観察しながら話を聴く。「あなたに関心をもっていますよ」というサインを送る。柔和で温かく豊かな表情を心がける。アイコンタクトを大切にすると、面接記述ができないが、面接中はメモ程度にとどめておき、クライエント退出後すばやく記録をし、まとめると良い。

うなずく、あいづちをうつ

クライエントの話を聴きながら、うなづいたり、「ああ、そうですか」など適度にあいづちをうちながら聴く。「あなたの話を真剣に積極的に聴いていますよ」というサインを送る。

共感する、共感的な言葉をかえす

クライエントの話の内容に合わせて、「それは大変でしたね」「さぞ辛かったでしょう」「とても不安だったでしょうね」「それは嬉しかったでしょう」など、クライエントの気持ちや感情に合わせて共感し、共感的な表情、態度、言葉で応答する。

共感的な応答をするためには、クライエントの立場にたって考え、感じ、どのようにそのできごとや状況、問題を捉えているのか（内的準拠枠─認知のしかた）を理解することが必要である。

支持をする

クライエントの話を聴きながら、相手に賛同したり、認めたり、是認をし、支持をする。「それは当然ですよね」「それはもっともだと思いますよ」「誰だってそうですよね」。このような支持的フィードバックや励ましをカウンセラーから与えられることによって、クライエントは「I am OK」の「肯定的自己概念」を次第に形成することができるようになり、前向きに問題を捉えたり、解決しようとする姿勢に変わってくる。

話の要点を繰り返す、反射する

クライエントの話の要点をところどころで繰り返す。クライエントがカウンセラーに最も分かって欲しい、把握して欲しい点、内容、気持ちをまとめて簡潔に繰り返す。「そうですか、つまり……ということですね。」「要するに……ということですね」「あなたの気持ちは……なのですね」。このようにクライエントの話の要点、エッセンスをまとめ、繰り返し「あなたの言いたいことは……なのですね。理解しましたよ」というサインを送る。

クライエントはカウンセラーが要点を繰り返し、これが正しくあっていることによって自分の話を分かってもらえた安心感をもち、気持ちが落ち着く。またカウンセラーが真剣に聴き、正しく自分を理解してくれる体験を通してカウンセラーに対する信頼感が芽生える。

カウンセラーが話のポイントをまとめ、繰り返し、フィードバックをクライエントにかけることによって、クライエントは自分の置かれた状況、問題、目標などを自分の耳からも同時に聴き、自分自身とその問題や状況を客観的に見ること、確認することができ、こうした過程から自己理解（問題理解）をさらに深めることができる。また、年齢が上になること、経験が増えること、役職が上になるにしたがって人は「聴くスピード」が「話すスピード」よりも三倍から四倍、速くなりがちである。そのため、相手の話をよく聴かないで、勝手に判断し、決め付け、先走り、途中から口をはさみ相手の話の腰を折る傾向がある。

しかし、相手の話の要点を所々でまとめ、繰り返し、フィードバックしようとするならば、真剣に積極的に集中して話を聴かざるを得ず、聴き手が勝手に先走ることができなくなるという効果も存在する。

明確化

クライエントの話したことをそのままの形で繰り返すのではなく、明確化して返すことを行う。すなわち、クライエントの話す内容について、①要約して伝える、②正しい文章にして伝える、③適切な言葉に置き換えて伝える、④言葉の順序を置き換えて伝えることである。

明確化はクライエントがはっきりと意識化していない感情・気持ちをカウンセラーが自分の言葉に置き換えてフィードバックし、クライエントの自己理解、意思決定の後押しをする。「あなたの本当の気持ちは……ではないのですか」「あなたは実際には……をしたくない（したい）のではありませんか」などと返し、クライエントが自分の本当の気持ち、本音に気づき、意識化できるように支援する。

質問をする

上手に質問をすることによって、クライエントの気持ち、欲求、考え、キャリア問題、目標、行動計画などを引き出す。質問には、オープン質問（開かれた質問――open question）とクローズド質問（閉ざされた質問――closed question）がある。オープン質問は、その答えが「はい、いいえ」では答えられない質問の仕方であり、一方、クローズド質問は「はい、いいえ」または簡単に一語か二語で答えることが可能な質問である。

オープン質問を上手に使いカウンセリングをリードすることはキャリアカウンセリングの面接を効果的に行うためのスキルである。例えば、オープン質問の例では「あなたの強みは何ですか」「どのような仕事がしてみたいのですか」「その件に関してご家族はどのようにお考えですか」などとクライエントに具体的に質問し、情報を収集しながらクライエントの理解を深める。また「その件についてもう少し詳しく説明していただけますか」「それは具体的にはどういうことですか」「例をあげてもう少し話してくれますか」など、漠然としている場合には質問をして突っ込み、話をより明確化し掘り下げリードする。

クローズド質問は、「……ですね」「……はできますか」「……を希望しますか」

「……は関心ありますか」などと限定質問を行い、内容を確認したりカウンセラーの意図に従って情報を引き出す。

質問する場合も相手の反応をよく観察し、クライエントの反応をみながら質問のしかた、質問内容を臨機応変に変え、柔軟に対応することをカウンセラーは忘れてはならない。

沈黙も待つ

カウンセリングの過程ではクライエントはときどき沈黙することもある。クライエントが沈黙すると、カウンセラーはなんとかこの沈黙を解消しようとしがちである。しかし、クライエントの沈黙にはいろいろな意味があり、ただ黙っているわけではない。

沈黙の意味としてはつぎのようなものが考えられる。

・言葉にならない気持ちや感情を味わっている
・自分の考え、抱える問題などを整理したり、まとめている
・カウンセラーにどのように説明しようか考えている

・カウンセラーへの抵抗や拒否を感じている

したがって、沈黙には意味があり、沈黙の時間も大切にしありのままゆったり待ち、クライエントが再び話し始めるまでじっくり待つことが望ましい。しかし、もし沈黙が長すぎるような場合には、質問を再度繰り返したり、これまでの話の要約をまとめて繰り返すとよい。

コンフロンテーション（対決）

また、カウンセリングプロセスにおいて、クライエントの行動、考え、感情、問題の捉え方とその意味などに、矛盾や不一致、曖昧さ、弁解、誤解、それによる葛藤などがある場合には、カウンセラーは率直に指摘し、矛盾の説明やその解決策についての考えや意見をクライエントが表明できるように促すことも重要である。クライエントのこうした矛盾は本人が意識しているものもあるが、無意識で認識されていない場合もある。コンフロンテーション（対決）は、クライエントが避けたいと思っていること（恐れ、不安、心配、受容しがたいこと、触れたくない問題）などに関わらせようとするための方法である。

このようにコンフロンテーション（対決）はクライエントが自分と自分をとりまく状況を客観的、現実的に捉え理解し、自己の課題や問題を正しく理解できるようになるためのカウンセリングの技術のひとつである。

よく聴いた上で、助言や指導、情報の提供、指示を行う

質問をなげかけ、共感し、支持し、要点を繰り返し、明確化し、沈黙もまち、じっくりクライエントに関する情報（事実と問題・目的、気持ち、欲求、計画など）が収集され、相手に対する理解が深まり、カウンセリングにおいて解決すべき問題・課題に焦点を当てることができたら、カウンセラーは、クライエントに対し適切な助言、具体的な指導、明確な指示を与え、クライエントのニーズにあった必要な情報提供を行ったり、カウンセラーの意見や考えも伝える。

第二節　よい面接者の条件

面接にあたって求められる良い面接者の共通の条件は次の通りである。

① 自分ばかりしゃべらない、クライエントの話を引き出し、相手に充分話をさせる
② 質問を上手に行い、「聴き上手」であること、相手の言葉の奥にある心を聴く
③ 相手に考えさせ、気づかせ、主体性・自主性をもたせる、なるべく最終の結論は本人に出させる
④ 自分の考えを押し付けない、「……はどうだろうか」と相手に提案する
⑤ 事実に関する指摘は行っても、相手の人格、人間性についてとやかく批判しない
⑥ 説教したり、感情的になって議論をしたりしない
⑦ 絶えず確認しあいながら面接を進める、ときどき要点を互いに復唱し、確認しあう
⑧ 言いにくいことでも言うべきことは毅然と指摘し伝える
⑨ 相手への偏見、思い込みをもたず、絶えず新たな視点で臨む
⑩ 日頃からキャリア情報収集につとめ、最新の情報をもつよう自己啓発を行いクライエントに有効な情報を提供する

第三節　グループ・キャリアカウンセリング

キャリアカウンセリングは必ずしもカウンセラーとクライエントが一対一でおこなう面接だけではなく、複数のクライエントが一緒にあつまりグループを構成し、グループガイダンスやワークショップ、カウンセリングなどを行うことも多い。カウンセリングの段階や、クライエントのニーズによってはむしろグループの方が、一対一よりも効果を発揮する場合もあり、問題や課題によってはどちらが効果的かを見定めることが必要である。

グループガイダンス、グループワークで行える内容としては、フォーマル・アセスメント、インフォーマル・アセスメント、各種情報源からの情報の入手、求職スキルの習得、印象的な履歴書の書き方、面接スキルの習得、相手先への自分の売り込み方、能力・スキル・知識・経験などの棚卸し、ライフキャリアプラン、行動計画の作成などの活動である。こうした内容のものはキャリアカウンセラーの講義、ワークショップ、グループ活動の形でもおこなうことができる。

グループカウンセリングの特徴

① グループのサイズはそれぞれであり、グループの目的や参加者の特徴によってきめられる

② グループサイズによりカウンセラー（ファシリテーター）は一人または二人（補助者）が必要である。たがいに役割分担を行い、補いあいグループプロセスを診断したり、適切に介入する

③ クライエントの思考や行動に働きかけ、望ましい変化をもたらす

④ 特定の目標の達成を目指す。たえずグループの到達目標を確認、明確化する、ライフキャリアに関するグループガイダンスは、情報の伝達とスキルの教育・訓練などを目指すが、グループカウンセリングは、予防的、成長促進的、治療的であり、より深い洞察、人間としての可能性の開発を指向する

グループカウンセリングのメリット

ⓐ 情報の共有化ができる……活発な情報交換により、カウンセラーからのみならず、グループメンバーからもさまざまな情報を収集でき、共有することができる。相互にさまざまなアイディアを交換し合い、刺激しあうことも可能であり、

直接的ガイダンスにもつながる。

ⓑ 仲間のいる安心感が得られる……メンバーは現在自分の抱える問題、課題を話し合うことによって、自分だけが問題をかかえて悩み孤立しているわけではなく、誰もが同じような問題をかかえていることを学習する。その結果、安心感、安定感が得られ前向きに考えることができるように変化する。またメンバー同士に仲間意識が生まれ、共感しあい、支えあい、励ましあうようになる。

ⓒ 他人の役にたてる喜びを感じる……メンバー同士で相互に支えあい、助言しあい、共感しあう過程において、メンバーそれぞれが自分が他人の役に立てるという経験をする。他人の役に立つ自分を改めて肯定的に捉えなおし、肯定的自己概念の形成を促す。

ⓓ 希望がもてるようになる……メンバーがグループのなかで問題を解決し、成長していく様子を互いに観察し合うことによって、自らの成長への希望をもつことができるようになる。

ⓔ ソーシャルスキルを学習する……グループメンバーと話し合い、自己開示し、感情表現をし、問題・課題について一緒に考え、解決する過程において、コミュニケーションスキル、ヒューマンスキル、問題解決スキルなどを習得するこ

とができる。

キャリアカウンセリングへの活用

グループ・キャリアカウンセリングは次のような点で他のグループカウンセリングとは異なる。

㋐ カウンセラー（ファシリテーター）の役割が異なる、カウンセラーは、職業情報、労働マーケットの情報の伝達をする、職業に対する興味・関心の探求を支援する、特定の明確な目標に向かってグループをリードする役割を担う

㋑ キャリアカウンセリングのグループでは、プロセスも重視するが、むしろ結果を重視する、すなわち、初期の目標達成ができたか、行動変容がおきたかなどクライエントに対する具体的効果を見る

しかし、「生き方、生きがいとは」、「仕事や働くことの意味とは」、「これからのキャリアプラン」などグループで話し合い発表しあうことによって、メンバーがキャリア情報や気持ち、欲求、目標、今後の計画、などを互いに共有しあうことは、グルー

プロセスそのものに意味があり、プロセスにおけるグループダイナミックスを重視し、結果を必ずしも求めることが目的ではないケースもある。

第六章

意思決定のプロセス

われわれは毎日生活の中でも複数の選択肢を前に、絶えず何かを選択しながら生活している。何を着るか、何を食べるかなど、毎日の細かい行動選択にあたっても自分のニーズとその時の状況に合わせて、意思決定をおこない行動している。ライフキャリアの観点から見るならば、まさに人生は「選択の連続」からなりたっており、その都度われわれは選択のプロセスにおいて意思決定を行っているのである。

キャリアカウンセリングにおいては、卒業後の進路決定、就職先の決定、希望する配属先の申告の決定、転職するか否かの決定、早期退職制度に応じるか否かの決定など、キャリアステージのそれぞれの場面や岐路において、多様な選択を迫られ意思決定が求められる。

特にキャリアカウンセリングのプロセスにおけるクライエントの意思決定は、重要な要素であり、うまく満足のいく意思決定にクライエントを導くスキルはキャリアカウンセラーに求められる大切なスキルのひとつであるといえる。

そこでこの第六章では、意思決定はいかになされるかについて、意思決定の理論と具体的意思決定のプロセスをとりあげることとする。

第一節　ティードマンの意思決定論

ライフキャリア理論を提唱するティードマン（Tiedeman,M）は自我形成過程における認知発達とそれにもとづく意思決定のプロセスを研究した。個人のアイデンティティはキャリア開発の過程において非常に重要な要素をしめており、アイデンティティが発達形成され、明確になるにしたがってキャリアに関する意思決定もより可能になる。この個人のアイデンティティを理解するためには、その人の「過去の経験」（過去の興味・関心、価値観）と「将来の目標」（将来に向け興味・関心のあること、大切にしたい価値観）について明らかにし、この二つの要素を統合する必要があるとした。

また、キャリア開発における意思決定には、①「区別化」―他とは異なる個別の特性と②「統合化」―社会からの要求に合わせ適応しようとすることの二つの要素があるとし、これをもとにしたキャリア開発とカウンセリングにおける意思決定プロセスを提唱している。

また、ティードマンはキャリアの意思決定プロセスを①「予期」②「実行」の二つに分けた。意思決定のプロセスの「予期」の四段階、「実行」の三段階は次の通りである。（図―10）はティードマンの意思決定のプロセスを示すものである。

(1) 意思決定のプロセス・i――「予期」の四段階

○予期の段階――①探索……多くの選択肢を探す

②結晶化……選択肢を絞り込み、目標を明確化する

③選択……絞られた複数の選択肢の中から、自分の目標に最もあったもの

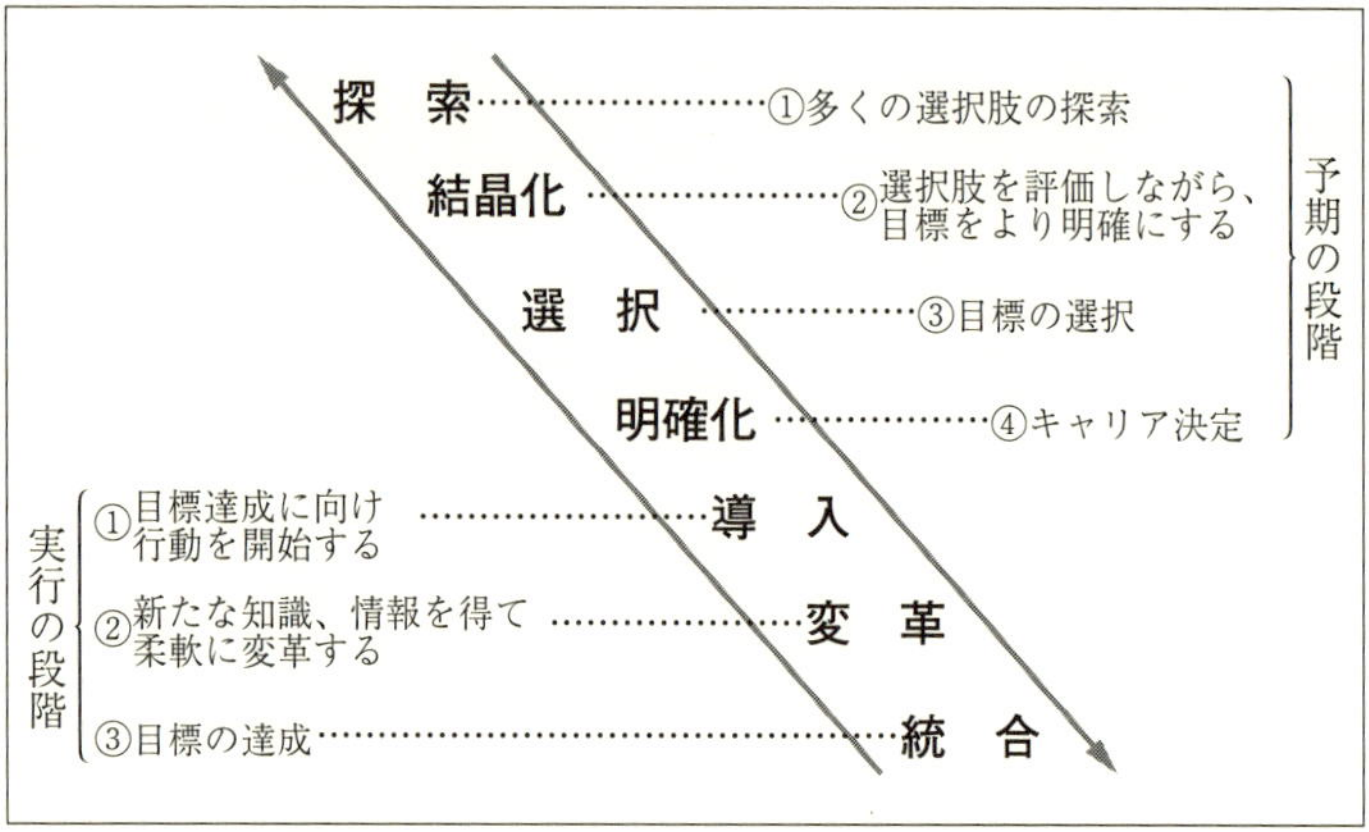

図10. ティードマンの意思決定のプロセス

を選択する
④明確化……選択肢をより具体化、明確化する
(2)意思決定のプロセスii――「実行」の三段階
○実行の段階――①導入……目標実現のために、行動をはじめる
②変革……新しい知識、問題解決方法を身につける
③統合……目標の実現

第二節　クランボルツの意思決定論

社会学習理論には、①遺伝的要素と特殊能力　②環境・状況とできごと　③学習経験　④課題アプローチスキルの四つの要素が含まれているが、個人のキャリア選択にはこうした四つの要素がそれぞれ重要な役割を果たしている。とくにクランボルツは学習体験と課題アプローチスキルを重要な要素としてとりあげ、人は過去の学習経験によって課題アプローチスキルが異なるとし、個人の学習経験のありようを重視した。

クランボルツは社会学習理論の立場から、意思決定と問題解決のためのプロセスを次

のように示した。

①　問題の明確化……問題は何か、意思決定の必要性はあるのかなどについて明確化する

②　計画を立てる……どのように問題解決を行うか、どのように意思決定を行うかについておおよその計画をたてる、計画の実行にあたってのステップごとの時間的枠組みを設定し、意思決定、問題解決のおおよその最終期限を決める

③　選択可能な選択肢を検討する……選択の方向、選択肢、行動の方向についての情報を収集する、選択肢のリストを作成、そのうちでも特に主要な選択肢を選び出す

④　クライエント（または自分自身）の評価をする……有するスキル、知識、経験などの評価を行う、価値観を明確化し、価値の優先順位やニーズのリストを作成する

⑤　予測しうる結果を検討する……各選択肢について予測しうる結果、生まれる利益、損失、リスクについて検討する、予測結果にもとづいて、利益、損失に関して、各選択肢を慎重に多方面から再び評価、検討、考慮する

⑥ 選択肢の体系化と除外……選択肢がいかなる価値を創出するかについての予測、評価を行い、それにもとづき一覧表を作成し、それぞれの利益（メリット）と損失（デメリット）を比較、検討する、そのうちで、もっとも利益の低いものをリストから除外する

⑦ 行動する、実行に移す……選択肢にもとづき、実際に具体的な行動計画をたて、実行する

第三節 ジェラットの意思決定論

ジェラット（Gelatt, H.B.）は意思決定とは、個人がある方向へむかって行動を明確化するために、情報を整理し、活用するものであると述べている。そして、意思決定を成立させる基本要件として次の二つのものをあげている。それらは、①すべての決定には決定を行う個人が存在していること、②情報にもとづく二つ以上の選択肢の中から選択して行動しなければならないことである。すなわち、選択する条件が二つ以上存在しており、個人自らが決定することが意思決定の基本要件であるとした。ジェ

ラットは意思決定プロセスは次のような、「予測→評価→決定」の三段階システムにわけて行われると述べている。

(1) ステップ1―予測システム……選択可能な行動とその結果の予測を行う、自分の客観的な評価と選択肢がマッチングするかどうかを予測する

(2) ステップ2―評価システム……予測される結果がどれくらい自分にとって望ましいかを評価する、「自分の価値観にあっているか」、「自分の興味・関心にあっているか」などを評価する

(3) ステップ3―決定システム……評価基準にあてはめ目的に合うものを選択する、①と②のシステムの結果にもとづいて、目的に適合する選択を行う

これらの各ステップの過程で、①情報収集 ②評価を変えるための結果を出す③目標達成の三つの方法が、繰り返されながら意思決定がなされる。

例えば、転職を希望するクライエントの場合には、まずどのような職業・職務に転職したいのか、ほかに給与、地域、仕事内容などに関する目標を立て、それに必要な情報収集を行う。収集された情報を①「予測システム―選択可能な行動とその結果の

予測」と②「評価システム―予測される結果の望ましさについての評価」の二種類の基準で評価する。

すなわち、①「予測システム」では、自分の客観的な評価と選択肢がマッチするかどうかについて予測する。また②「評価システム」では、外的な望ましさ（知名度が高い会社である、給与がよいなど）と内的な望ましさ（自己適性や価値観に適合している、職務内容に興味がある）について評価・検討し、クライエントが気づいてない自己概念を改めて明らかにし、自己適性や自分の価値観などについて再度自己理解を促すことを目的としている。その後、予測システムと評価システムの結果にもとづいて、クライエントの最終目的に合う選択を行い意思決定する。

また、ジェラットは我々にキャリア開発とキャリアカウンセリングに関する新たなパラダイムを次のように提唱している。

その一つとして、「肯定的不確実性」―（Positive Uncertainty）―の概念を提唱し、現代のような不確実の時代には、不確実なキャリアの未来に対しても肯定的に捉え（認知する）、ありのまま受容することの重要性を述べた。すなわち、それぞれのキャリアの未来は、個人が未来をいかに捉えるかという「心の目―mind eye」―「認知構造」にかかっていると述べている。キャリアカウンセリングは、これまでの過去のエピソードをメインテーマにした「過去志向」のカウンセリングとは異なり、「未来を新たに創造する」カウンセリングであるとした。また、人を最も動機づけ、人に変化をもたらすパワーは、「未来」からやってくる（future pull）とし、キャリアカウンセリングを「未来指向の創造的カウンセリング」であると位置づけた。

また、意思決定においてはこれまで「左脳型」アプローチ―テスト、情報分析、理論的アプローチ―によるものがほとんどであったが、「右脳型」アプローチ―創造、空想、夢、感性、直感にもとづくアプローチ―意思決定も大切にすることを強調し、左右両方の脳を統合して「全脳型アプローチ」による意思決定、キャリア開発を提唱している。

さらにジェラットは、かってキャリア開発は一種の「山登り」に例えられ、頂上に向かってはしごを一直線に上り頂上に到達することが、その最終目標であった。その登山プロセスは直線的であり、かつ安定的（山は動かない）であり、登れば必ず次第に上昇するといった一元的、一回きりのものであった。

しかし、このようなキャリア開発モデルは過去のものであり、現代社会にはもはやそぐわない。変化が激しく、そのスピードが速い現代においてはキャリア開発は「山登り」ではなく、「激流を筏でくだるようなもの」であり、絶えず変化する激流にそって柔軟に対応しながら、自らバランスをとり流れを下る「旅の過程」であるとしている。また、その旅はその行程、過程にこそ意味があり単に目的地に到着することだけに意味があるのではない。

すなわち、キャリア開発において重要なことは、人々が生涯成長、発達し続けること、そのためにはたゆまず学習し続けることに未来への最大の戦略はあると述べている。

第四節　意思決定のプロセス

設定した目標を達成するためには、さまざまな情報の収集と目の前に存在する複数の選択肢をいかに選択するかが鍵を握っており、この目標達成過程における意思決定のありかたは結果を左右する大きな要素をしめている。

意思決定の体系的・段階的プロセス

①　明確な目標を設定する

②　情報の収集を行う
③　選択肢の明確化を行う
④　選択の根拠を評価する
⑤　選択肢の中から最終選択をする
⑥　実行・行動に移す
⑦　決定と結果の検討を行う

クライエントによっては選択に迷ったり、検討せずに衝動的に決定、選択したり、他人に決定を依存したり、また不安で決定ができず先延ばしにするようなケースもしばしばあり、意思決定のプロセスはさまざまである。したがって、キャリアカウンセラーの役割は、クライエントに体系的・段階的な計画的意思決定プロセスによるアプローチ法をカウンセリングを通して導き、適切な意思決定に関する助言指導をおこなわなければならない。

キャリア計画と意思決定のプロセスと進め方

それでは七つのステップよりなるキャリア計画過程をたどりながら意思決定のしか

たについて考えてみよう。

①　ステップ1――意思決定の必要性

ひとはそれぞれのライフステージにおいてキャリアに関する選択とその意思決定を迫られることがある。学校を卒業するときの進路決定、早期退職や離職の決定、異動希望・転職の決定など、置かれた、状況に応じてその都度選択をしなければならない。

現在のような突然の企業の倒産、リストラなどに遭遇した人たちは、ショックによる精神的打撃をうけており、新たなキャリアに向け意思決定をしなければならないことは、苦しく辛いことであり、今後の方向性についてキャリアを計画的、体系的に考え意思決定することは彼らにとってなかなか難しいのが実際である。こうしたケースでは、まず怒りや落ち込みから立ち直ることなくして、積極的にキャリアの意思決定プロセスに導入することはできない。したがって、カウンセリングの導入部分でしばらく時間をとり鬱積した感情をカウンセラーに吐き出し発散することが必要であろう。

このようにステップ1では、クライエントがおかれている現状を確認することから入る。

② ステップ2――自己概念の明確化

キャリアの意思決定をおこなうためには、アセスメント、自己分析を行い、自分の興味・関心、能力、価値観について明確化する必要がある。また、同時にこれまでのキャリア、仕事経験を明らかにすることによって、より現実的な意思決定を可能にすることができる。そこでこのステップ2においては、アセスメントにより興味・関心、能力、価値観、経験を明らかにすることを通して、クライエントの自己概念をより明確化する。

③ ステップ3――職業・職務を特定する

アセスメントによって得られたクライエントの自己概念（興味・関心、能力、価値、経験）にふさわしい職業・職務の選択肢を見つける。クライエントにマッチする職業・職務は必ずしも一つではない。そのため、選択肢となる可能性のある職業・職務を二つ以上リストアップし、そのリスト作成を行う。

④ ステップ4――情報の収集

選択された職業・職務に関する情報を収集し、集めた多くの情報を比較・検討する。その後クライエントが選択する際の基準をつくる支援を行い、複数の選択肢の優先順位を決める。

⑤　ステップ5——選択をする

複数の選択肢リストの中から、一つの選択肢を選ぶ。選択にあたっては、この選択は決定ではなく、仮決定であり、変更が可能であることを理解させる。もし、一つを選択することが困難な場合には、選択基準のうち最も重要だと思う優先順位の高い項目を五つ（例えば、職場環境・給与・安定性・能力開発・面白いなど）選択し、複数の選択肢について、これらの五つの視点から細く点数をつけ評価し、最も高得点をあげたものを選択することもできる。

これでもどうしても選択できない場合には、カウンセラーが積極的にクライエントにかかわり、優先順位がつけられるように各選択肢の重要点について確認し、再決定の支援を行う。

職業・職務の選択ができた場合には、つぎに目標達成にむけた行動計画をたて、実行するステップを書き出す。「何を、いつまでに、どれくらい、どのように」の四つのポイントを具体的に書き出すことによって、行動計画をたてる。

⑥　ステップ6——教育・訓練の支援

目標を達成するための教育・訓練が必要とあれば、クライエントにもっとも適した教育・訓練をうけることができる学校、訓練所、セミナー、通信教育などの手段・方法をみつける支援を行う。また同時に教育・訓練を受ける時に要する資金計画をたてる支援を行うことも必要となる場合もある。

⑦　ステップ7——求職活動の支援

これまでのステップにおいては、職業・職務を選択し、そのための教育・訓練が必要なばあいには、勉強し就職や転職のために行動し準備を行ってきた。このステップ7では、クライエントの就職、転職のための求職活動を具体的に支援する。労働マーケット情報の提供だけではなく、カウンセラーは求職活動のスキル、就職口の見つけ方、履歴書の書き方、面接の受け方などについて、具体的な助言・指導を行う。

このようなステップ①からステップ⑦に至る「意思決定のプロセスと進め方」はかならずしも直線的ではなく、あるときは前のステップに逆戻りする場合もある。クライエントは自分が選択した選択肢に満足ができない場合には、アセスメントをやりなおし、新たな選択肢を探し、再選択・再決定するプロセスをたどることもよくある。こうした場合には、クライエントが充分納得できる選択肢をみつけるまで時間をかけてカウンセラーは支援を継続することが必要となる。

第七章

キャリアカウンセリングとメンタルケア

現在われわれを取り囲む社会環境は日々大きな変化を非常なスピードでとげている。ことになかでも大きな変化は、やはり経営環境、働く人にとっての労働環境、職場環境の変化である。こうした要因から、働く人々へのストレスは大きく、過重なストレスが間接的、直接的にかかることによって、職場不適応をおこしたり、生産性が低下し経済活動が萎縮するだけではなく、次第に心身の健康を損なうケースや、あげくの果てに自殺に追い込まれるケースも増え、殊に中高年ビジネスマンの自殺率の高さは最近の特徴である。産業人のメンタルヘルスの問題は深刻化しており社会全体の大きな問題となっている。ストレスと生産性の関係は（図—11）に示す通りである。

第一節　キャリアカウンセリングとメンタルケア

人々にとってキャリアはまさに個人のアイデンティティの中核を占めるものである。「あなたは何か」とアイデンティティを問われた時、一般的には、最初に人は職業、職務を答える。

しかし、そのキャリア・アイデンティティを失った時、または失いそうになったり、明確に見えにくくなったとき、人々の心理状態はどうであろうか。苦悩、葛藤、不安にさいなまれ、落ち込み不安障害や抑うつ状態に陥ることや、不眠、身体の不調などを訴えることが多くなるのは当然予測されることである。

すなわち、キャリアカウンセラーのもとへキャリアに関する相談に訪れるクライエントのなかにはこうした、キャリア問題だけではなく、心理状態が不安定で心身の健康問題を抱えた人が多く見られる。キャリアカウンセラーは、クライエントのこうした状態をカウンセリングの導入、初期の段階でよく理解し、見極め（見立て）、適切な対応ができなければならない。キャリアカウンセラーの仕事では、メンタルケアはその範囲外であると考える傾向があるがそうではない。クライエントのメンタルな問題をも含めトータルにクライエントを理解しケアすることなしに、効果的キャリアカウンセリングは行われない。

しかし、キャリア問題よりもメンタルな問題が主症状として深刻な場合で、キャリアカウンセラーの能力、守備範囲を超えるものに関しては、メンタルなカウンセリングの専門家、精神科を紹介し、先に治療をうけることを勧めることが順当である。かえって、キャリアカウンセラーが不適切な対応のまま抱えすぎて、時期を失することがないように、初期の段階での見極めが非常に大切である。こうした点から、キャリアカウンセラーも精神医学知識、臨床心理学の知識をもつことが求められる。

クライエントはキャリアに関する問題に悩み、その問題解決のサポートを求めている。突然の解雇、リストラ、異動などをはじめ、就職活動（受験など）での重なる失敗、今後のキャリアプランが立てられず見通しがきかない、現状維持か職場を変更すべきか、自分のもつスキル・知識は陳腐化せず、いつまで価値があるかなど、クライエントの心理的不安や葛藤は大きい。したがって、キャリアカウンセラーはこうしたクライエントの心理をよく理解し受容・共感し、まずは気持ちを分かってもらえたという安心感、カウンセラーに対する信頼感をクライエントにもたせながら、カウンセリングの焦点を次第に現在のキャリア問題と今後のキャリアの方向へと導くことが必要である。

メンタルヘルスとは何か

われわれは一般に「身体的健康」については日頃から関心をもち、栄養を考えた食事をし、健康診断を定期的に行っている。しかし、「心の健康」に関してはどうだろうか。身体と同様に心の健康を考え、栄養をとったり運動したり、定期的な健康診断を行っているだろうか。身体の健康ほどにメンタルヘルスに注意、関心をはらい、気をつけている人は少ないのではないだろうか。

ＷＨＯ（世界保健機関）の健康の定義はよく知られているが、健康とは「病気でなければ健康」「身体さえ丈夫なら健康」といってはいない。すなわち、健康な状態とはもっとポジティブに前向きな状態であり、精神的に積極的でありイキイキと生きている状態を指していると考えられる。すなわち、同じ適応状態でも、「積極的な適応」と「消極的な適応」があるように、健康とは積極的に適応している状態を指している。明るく活気ある働きやすい職場は、身体さえ病気でなければよいという考えだけでは実現できない。メンタルな部分が健康であり精神的充実感がもてるような要件が不可欠である。このため、とくにキャリアに関する問題や悩みをもち常に葛藤したり、不安を抱えていては、メンタルヘルスの不全から、個人のもつ本来の力は社会、職場で充分に発揮することはできない。

また、重要なことはこうした精神的ストレスはさまざまな身体的病気を引き起こすことである。現在、ストレスによると考えられる身体症状は多岐にわたっており、いかにストレスマネジメントを上手におこなうかが、身体的健康管理の鍵になっている。したがって、身体的健康管理のみに関心を寄せるだけではなく、メンタルヘルスとそのマネジメントがそれ以上に根本的な問題解決としてもっと大切であることはいうまでもない。

心と身体のヘルスケアのポイントとしては次の三点があげられる。

① 心身ともにいかに抵抗力をつけ、病気を予防するか
② いかに早期に発見し、早期に適切な治療をうけるか
③ 徐々に職場復帰し職場に適応・回復するかである

また、適応の条件としては次の五つの視点が重要であろう。

① 現実的、客観的にものごとを捉えられる
② 適切な自己受容ができる、自分を肯定的に捉えられる
③ 自分自身をコントロールできる
④ 他者と交流できる
⑤ 自発性を備えている

逆にこの五つの要件が正反対になると精神的によい症状とはいえない。ひとつの適応・不適応の判断基準となる条件である。

第二節　ＥＡＰ（Employee Assistance Program）――従業員支援プログラム

ＥＡＰ―従業員支援プログラムは、アメリカで一九四〇年代から企業内のメンタルヘルスサービスの提供の一環として始まった産業カウンセリングプログラムである。当初は従業員のアルコール依存、薬物依存による職場不適応による生産性の低下を防止するためのものであったが、一九六〇年以降は、それまでの早期発見、早期対応活動が効果を発揮したことにより、従業員のメンタルヘルス全般や家族、キャリアカウンセリングなどにもサービスの範囲を拡大してきた。現在ではアメリカのトップ企業五〇〇社のうち八〇％が導入しているという報告もなされている。実際にＥＡＰの導入による企業の経済的効果も発表されており、医療部門での診療回数が減少、病欠が減少、事故によるロスタイムの減少など具体的な効果を数字をあげて説明している。

ＥＡＰは長期の心理療法的活動ではなく、短期的カウンセリングによる従業員の職場不適応を早いうちに解決するサポートを行うものである。すなわち、早期に発見し治療して復職するほうが従業員にとってもトータルで損失が少ないと考えている。また、予防のために従業員にメンタルヘルス、ストレスマネジメントの講義、管理監督者に対する教育・訓練なども行い、従業員のストレス自覚とその処理に関する知識、方法などを教授し予防的機能も果たしている。ＥＡＰは期限を設定し、短期カウンセリングを通して問題解決の具体的支援を行うが、長期的な対応などが必要な場合は地域のその他の適切な専門機関に紹介（リファー）することを行っている。

ＥＡＰの方針には、カウンセリングに関する秘密の重視が明記されており、従業員の昇進、作業条件、就業の継続に支障、関係がないことがうたわれている。カウンセリングの回数、種類、データなどは、ＥＡＰの効果を示すために企業に報告されるが、個人情報の秘密は守られる形で報告される。

ＥＡＰには社内で行われる内部ＥＡＰと外部の専門機関に委託して行われる外部ＥＡＰの二つがある。最近のＥＡＰの四分の三は外部ＥＡＰが占めており、プライバシーの配慮や企業や従業員のニーズにいかにマッチしたサービスを提供できるかが、ＥＡＰの品質を左右する大きな要素となっている。

ＥＡＰのサービス内容としては次のようなものがあげられる。

①　個人に対するサービス

・問題点の整理とアセスメント
・短期カウンセリング、問題解決のための介入
・専門家への紹介とその後のフォローアップ

②管理職、組織に対するサービス

・相談・教育・支援活動――問題を抱えた従業員への対応の仕方
　作業環境の改善の仕方
　従業員の業務遂行能力改善の方法
　EAPの利用についての従業員とその家族への情報提供に関すること
・紹介先医療機関などの整備や連携づくり
・メンタルヘルス不全者に受診を奨励することに関する相談

③その他――EAPサービスに関する評価の確認

現在日本においてもアメリカから発祥したEAP制度を導入する企業も増えてきたが、まだまだ発展段階にある。日本ではメンタルヘルスに対する正しい理解がなされていないところがあり、従業員がカウンセリングを受ける、精神科を受診することな

どについては偏見や抵抗がまだまだ存在する。したがって、日本の社会文化、風土に適合した効果的日本版ＥＡＰをつくり、気軽に従業員が活用できるプログラムとその運用方法を考え、日本社会と企業・組織に定着するシステムを考えることが今後の課題であろう。

第三節　ストレスとストレスマネジメント

ストレスとストレッサー

キャリアカウンセラーはクライエントとの面接のなかで、クライエントのストレスの構造と症状、そのストレスのもと（原因）になるもの、すなわちストレッサーについて知る必要がある。働く人々にはさまざまなストレスがあり、仕事の内容、負荷量、役割と責任、達成目標とその評価、昇進・昇格・昇給、異動などや、人事制度の変更、職場環境、人間関係、などひとそれぞれ多様なストレスに日々さらされている。

しかし、ストレスを感じるか感じないか、またそのストレスの度合いはまったく人によって異なるものである。ある種のストレスには強いが、他のストレスには弱いなど人のストレス耐性には個人差がある。ストレスは強すぎても全く無くてもよくない。その人に相応しいある程度のストレスはむしろ必要であり、適切な目標や果たすべき役割、責任とそれにともなう緊張感などはむしろ人の成長、発達を促すよいストレス（ユーストレス）である。しかし、強すぎる、過重なストレス（ディストレス）は、人を追い込み、プレッシャーを与え、（図―11）に示すように精神的健康状態を阻害しむしろ生産性を低下させる。

リラクゼーション

こうしたストレスが過剰にならな

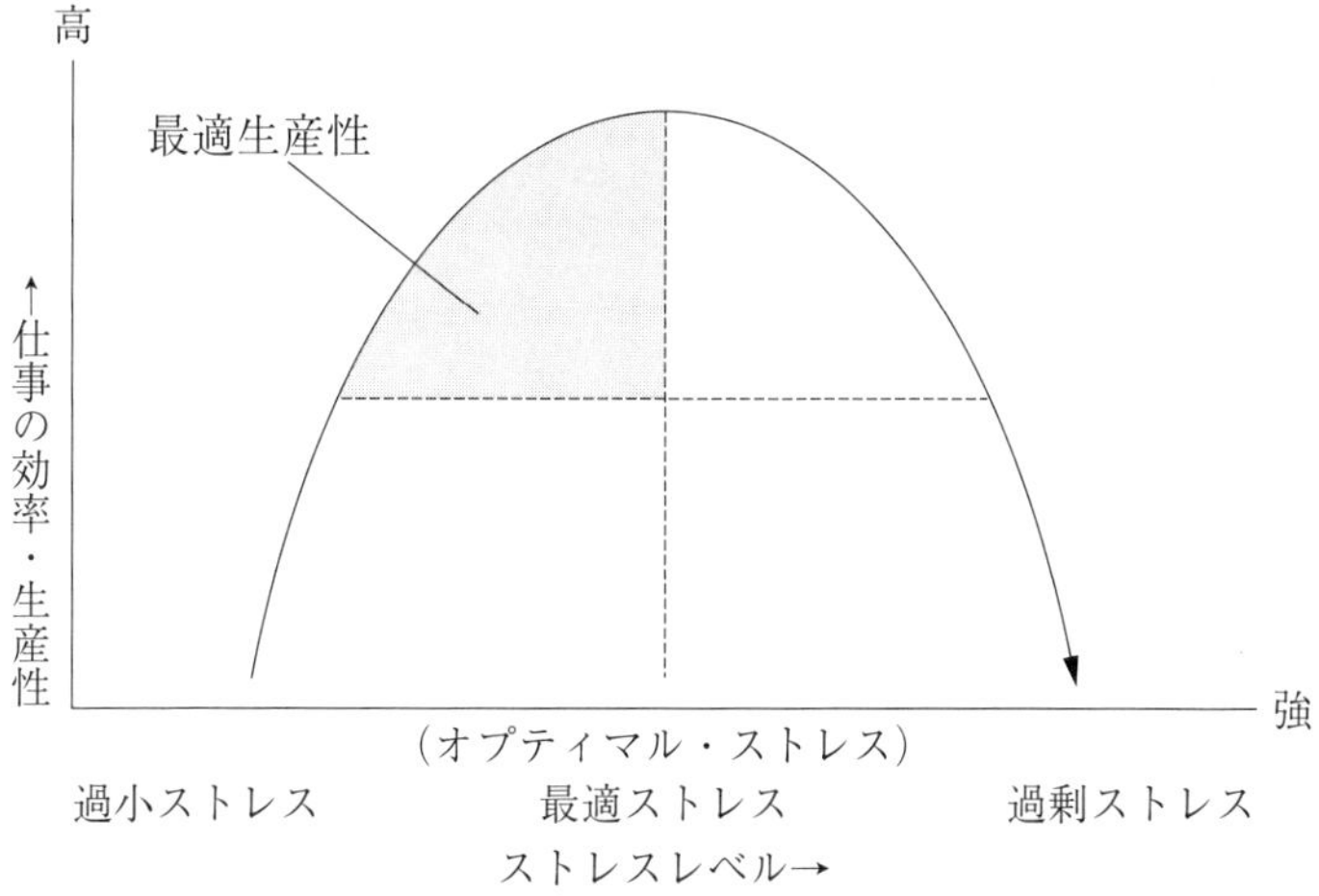

図11.　ストレスと生産性

いために、予防とともにストレスを感じた時のリラクゼーション法を心得ておくことは大切である。キャリアカウンセラーはクライエントがキャリア問題が原因で過重なストレスを感じていたり、新しい職場への適応など実際に不安や緊張がある場合には、クライエントに対しリラクゼーションの仕方を教授し、ストレスに対応できるようにすることが必要である。

ストレスへの対応法、心の疲れをとる方法としてはいろいろな方法があるが、次のようなものが簡単に日常生活のなかで実行できるものである。

深呼吸法

呼吸は浅いと身体に充分な酸素を取り入れることができずストレスへの抵抗力が弱まると考えられている。不安からパニックになったり、うつ状態になったり、頭痛や不眠に悩む人たちには呼吸法を改善する必要があるケースが多い。

ストレス解消に役だつ呼吸法は次の通りである。常日頃から練習することによってストレス状況を軽減したり、リラックスすることができ、緊張するような場面では常に有効であり身につけ自然に活用できるようにしておくとよい。

① 目と口をそっと優しく閉じて、肩の力を抜き、鼻からゆっくり息をいっぱい吸い込む、ちょうど肺にある風船が少しずつ膨らんでいくような感じで吸い込む
② 肺に空気がいっぱいになったら、一瞬息をとめる
③ その後、口を少し開き、ゆっくり少しずつ静かに吐き出す
吐き出す場合は、空気を吸い込む場合よりもっとゆっくり行う
しだいに空気を吐き出し全部吐き出したら、全身の力を抜いてリラックスする
これを何回も繰り返す、少しの時間でも実践することにより有効に活用することができる

自律訓練法

自律訓練法はドイツの精神科医、シュルツが考案したものであり、自己暗示によって、心と身体をリラックスさせ、ストレスから解放し精神的安定感、安心感をえるために有効な方法として行われている。自律訓練法は自分でできる身近なリラックス法であり、ストレスによってバランスを崩した心と身体を、安定した状態にもどすことができる、セルフコントロール法である。

① 身体全体をリラックスさせ、イスに腰掛けたり、ベッドに仰向けに横になる
イスに座る場合は手をヒザにゆったりと乗せ、両足を肩幅くらいに開いてすわる、横になる場合には、両脚を少し開き、両腕を身体から少し離してゆったりと伸ばす、このようにどちらの場合も緊張した筋肉がなく、身体がリラックスした状態で始める

② 自律訓練の練習は次の七種類にそって、頭のなかで言葉を何度もくりかえし自分に暗示をかけながら行う

○基本公式――「気持ちが落ち着いている」（安静練習）
第一公式：「両腕が重たい」「両足が重たい」（重感練習）
第二公式：「両腕が温かい」「両足が温かい」（温感練習）
第三公式：「心臓が静かに規則正しくうっている」（心臓調整練習）
第四公式：「楽にゆったり呼吸している」（呼吸調整練習）
第五公式：「お腹のあたりが温かい」（腹部温感練習）
第六公式：「額がここちよく涼しい」（額涼感練習）

自律訓練のステップでは、各ステップが終了するごとに「消去動作」をおこない終了し、一回ずつ締めくくる。消去動作は、両手の五指を開いたり閉じたり、または両腕の屈伸、大きな深呼吸を三、四回行い、次のステップにうつる。

自分で暗示をかけるときは他のことを考えず集中して自分に暗示をかけ、暗示をかけている身体の部位に注意を向ける。しかし、無理に感じようとせず、ゆったりと繰り返すことが肝心であり、また、すぐに感じることができないからといって練習を止めてしまっては効果が期待できない。たえず時間があれば練習して体得することが大切である。

第四節　抑うつ症状の理解と対応

現代は「うつ病の時代」といわれるほどにうつ病を発症するする人が多く、とくにキャリアに関する問題に悩み、葛藤し、苦悩する人のなかには、軽重にかかわらず抑うつ症状を示す人が多く見受けられる。とくに、突然の解雇、リストラなどによって職を失い、キャリア・アイデンティティを不本意にも失い、経済的にも苦境に立たされる人達のなかには、自尊感情の低下とともに抑うつ状態になる人が多い。

このため、キャリアカウンセラーもクライエントの初期の見極め（見立て）と適切な対応を行うためには、「抑うつ症状」に対する正しい知識とその理解が欠かせない。

病前性格

抑うつ症状を起しやすい人には共通した性格特性がみられる。それは、仕事熱心でまじめ、几帳面、責任感がつよい、頑張り屋、いわゆる何でも一生懸命になる努力家である。

しかし、こうした長所も裏を返すと、完全主義的、執着性が強い、融通がきかず変化に弱いなどという弱みをもっている。このため、思考法として、白か黒か、オール・オア・ナッシング（all or nothing）の二者択一思考が強く、その中間思考をしたり、結論を急がずグレーゾーンにしばらく漂うことができないため、自分で自らを窮地に押し込む傾向がみられる。「こうあらねばならない」「こうあるべきである」という固定観念（認知特性）をもちやすく、そこからはずれた場合に、ストレスを強める。「いい会社、名前のとおった企業に勤務しなければダメである」「今回、昇格できなければならない」「自分は評価され認められなければならない」などの強迫観念で自分を縛り追い込む特性をもつ。

抑うつ症状とは

予測した通りにならない、不測の事態に遭遇すると、気分は重くなり、元気を失い次第に落ち込んでいく。身体症状としては、不眠、頭重感、食欲不振、便秘、重い疲労感などがおきる、また精神症状としては、ゆううつ感、悲哀感、意欲の減退感、焦燥感、集中できない、考えがまとまらない、人と会いたくない、自責の念（自分が悪い、自分の責任だ）にかられる、などがおきる。こうした症状が二週間以上継続する場合に、抑うつ症状であると判断する。

また、こうした抑うつ症状は明け方から午前中が強く、午後から夕方にかけて次第に快方に向かうといった変動（日内変動）がある。このため気分は午前中と午後ではだいぶ異なる人が多い。

抑うつ症状を示す人は悪化し症状が重くなると、突然自殺をすることがあり、最も注意が必要な点である。自殺のサインとして、「死にたい、何もかもいやになった、すべてに疲れた、遠くへ行きたい、俺はもうだめだ、後をたのむ」など、何気なくふともらすことがあるが、なかなか周囲の人は気づかないことが多く、自殺のサインを見落としがちである。こうした自殺は最も抑うつ症状が重く、動きがとれないときにはおきないが、むしろ快方に向かい始め動きがとれるようになってきたとき、あるいは抑うつ症状の初期のほうが要注意であり心得ておく必要がある。

抑うつ症状への対応と治療

対応としては、「がんばりましょう」の言葉かけは厳禁である。本人は頑張っても、頑張っても、これ以上頑張れないギリギリのところにいる心理状態にあり、「がんばりましょう」はかえって本人をおいつめる結果となる。むしろ、「今はあせらず、しばらくゆっくり少し休みましょう、無理しないことですよ」と伝えることである。また、励ますつもりでパーティへ誘ったり、人ごみへ連れ出すなどは避けなければならない。

抑うつ症状に対する治療法としてまず、薬物療法がある。薬は脳内のセロトニンを活性化する抗うつ剤（ＳＳＲＩ）が効果を示す。かっては、抗うつ剤を服用しても眠くなって仕事にならないなどの副作用があったが、このような副作用もだいぶ改善されてきており、抑うつ状態に苦しむ場合には、抗うつ剤の投与を心療内科（内科と精神科の中間）や精神科などでうけることを勧めたい。

また、カウンセリング、心理療法に関する方法では、認知療法や認知行動療法が効果的である。抑うつ状態に陥るひとは、病前性格のところで触れたようにものの考え方や捉え方、すなわち認知のしかたに偏り（白黒思考、ねばならない思考）があることが特徴としてあげられる。このため「心の癖」「認知のゆがみ」を改善するアプローチを行う。すなわち、もっと現実的、適応的な認知のしかたに改善することによって、気持ちを和らげ、軽くし、前向きにするものである。

うつ症状の理解

①典型的な症状
- i　抑うつ気分
- ii　外界に対する興味や喜びが減退している
- iii　疲れやすく行動力が低下している

②付加的な症状
- i　自信を喪失し自己評価が低下している
- ii　自分を責める
- iii　自殺願望がある
- iv　思考力、集中力が低下している
- v　焦燥感に駆られる

vi　睡眠障害がある

vii　食欲不振である

第八章 キャリアカウンセリングの活用

二十世紀初めにアメリカやヨーロッパで始まったキャリアカウンセリングは現在さまざまなところで実際に活用されているが、この章ではどのように活用されるかについて学校、産業界などを例にあげ取り上げてみることとする。

第一節　学校教育におけるキャリアカウンセリング

これまでの進路指導の問題点

学校教育場面におけるキャリアカウンセリングは、「職業指導」として始まり、その後「進路指導」の名のもとに現在まで行われてきた。日本においては、かって職業指導について一九一五年、東京大学の入沢教授は「職業指導」の活動内容について次のように説明している。「職業指導とは、職業を選ぶにあたって生徒に指導を与えることであるが、それは単に職業を紹介するというのではなく、生徒に自分の長所と社会の職業とを教え、職業選択のときに間違いがないように準備させることである。」

従来の職業指導に変わって「進路指導」といわれるようになったのは、一九五七年ごろからであり、高校、中学における進路指導を強化するようになり、これ以来進路指導が教育課程の中に定着するようになった。この進路指導は学級活動（ホームルーム）の中で行われ、単なる受験指導ではなく生徒の個性とその発達を促進するキャリアガイダンス的な性格をもって行われるようになった。

すなわち、学校における進路指導は就職（家業・家事を含む）を希望する生徒だけでなく、進学を希望する生徒も含め、全生徒を対象として卒業後の進路決定を援助するために行われる教育活動のひとつであり、内容的には「就職指導」または「進学指導」とされてきた。

しかし、時代の変化とともに、高校進学率、大学・短大への進学率が次第に上昇するに従い、学校教育現場での進路指導はすなわち「進学指導」であるかのように誤解されてきた部分がある。したがって、日本における「進路指導」はもっぱら、卒業後の進学指導、進学相談にかたよる部分があった。

実際学校で行なわれてきたことは、生徒の学業成績、偏差値にもとづいて、教員が生徒の希望を参考にしながら、合理的に「進学先を振り分ける」「偏差値にもとづいて輪切りにする」ことであり、その進路指導法は指示的、強制的指導の色彩が濃かった。そこには、生徒が自分自身を省みて、深く自己を理解し、長所・強み、価値観（人生観、労働観など）、興味・関心、職業・人生への欲求・夢などを検討しながら、自分の長い人生を展望して、ライフキャリア計画をたて、数ある選択肢のなかから自ら選択、意思決定するような指導、アプローチ方法はほとんどとられてこなかった。

「自分は何が好きなのか」「興味・関心は何か」「将来何をしたいのか」「どのような生き方をしたいのか」そのためには「どのように計画をたて、具体的に行動したらよいのか」などについて、これまで日本の学校教育のなかでは、生徒・学生に考えさせるチャンスと場をほとんど与えてこなかった。単に生徒の学業成績をよくし、偏差値をあげ、生徒を少しでもよい高校、大学に進学させ、学校の地位・評価をあげることにもっぱら力を注いでいたのではないだろうか。根本的な問いとして、「なぜ、勉強するのか」、「なぜその高校・大学へ進学したいのか」、「大学では何を専門に勉強したいのか」、「勉強をして将来どのような方向や職業に進みたいのか」などを考えさせることもせず、ひたすら目の前の「受験に関する問題解決の指導」を行なってきたのである。その点では家庭における対応もまた同じといえよう。

ある社会人（卒業生）対象の調査をみると、進路選択がどのようにこれまでなされたのかが分かる。学業成績や偏差値を第一に考え、人生観や職業観、進学先や就職先の内容はあまり考えなかったものが多い。再度選択をやり直せるなら、「自分の興味・関心、職業や仕事の内容、自分の生き方などを重視して考えたい」と多くの人が答えている。こうした回答から、これまでの学校での進路指導を考えると、学校教育のなかで欠けていたのは、キャリアガイダンス、キャリアカウンセリング、「生き方の教育」であることが分かる。

こうした結果が、現代の若者の社会問題を生み出す原因の一つであるとも考えられる。たとえば、高校進学を果たしても、その後すぐにドロップアウトして退学する、大学に進学しても目的もなく勉強せず遊ぶ大学生、就職しないフリーター、早期離職・転職など就職しても一～三年以内に離職するモラトリアムな若者の増加など、こうした現代の若者の行動特性からは、これまでの学校における進路指導内容とその方法に問題があるのではないかと推察される部分が少なくない。

こうした風潮からか、文部科学省は最近学校教育のなかに「生き方の教育」を導入した。これはまさに生徒の将来へむけた「ライフキャリア教育」である。すなわち、学校におけるキャリアガイダンスやキャリアカウンセリングは生徒の「生き方の指導」としての進路指導なのであり、今後生徒が自己理解を深める場、自分の将来を展望しライフキャリアデザインを考え作成する場として有効に機能しなければならないと考える。

学校におけるキャリアカウンセリングのありかた

○学校におけるキャリアカウンセリングの役割と目的

キャリアカウンセリングは学校において進路指導の諸活動の一部をなすものであると捉えられている。この進路指導の諸活動はそれぞれ別個におこなわれるのではなく、統合された活動でなければならない。その中心的役割を担うのがキャリアカウンセリングであり、「進路指導における個別的指導」の役割を担っている。

文部科学省の進路指導の手引きによれば、学校でのキャリアカウンセリングは次のように述べられている。「生徒ひとり一人を対象として、個別カウンセリングやグループカウンセリングを通して、自分の進路に対する関心を高め、自分自身や現実に対する理解を深め、自分や現実をありのまま受容し、ライフキャリアプランをたて進路選択ができるよう、生徒の選択能力を伸ばし将来への適応と自己実現が達成できるように、問題解決能力と自己指導能力の発達をのばすための活動である」

この要点を整理するならば、学校におけるキャリアカウンセリングの必要性とその役割は、

①自己概念の明確化と職業役割の明確化

②自己指導能力、主体的な進路選択能力の開発
③自己の能力、適応、興味・関心、希望進路を総合的に考え、進路を選択できる能力の育成

すなわち、要約するならば、学校キャリアカウンセリングは主に生徒、学生の進路にかかわる諸問題についての洞察力や意思決定、自己実現力の能力・態度の伸張をはかる教育活動である。キャリアカウンセリングのこのような内容は、進路の選択、決定は人生の重要なステップであり、生徒自身による自己選択、自己管理、自己決定の過程を支援する姿勢を基盤とするものである。

このようにキャリアカウンセリングは単に就職先、進学先の選択・決定の問題だけではない。広く「生きかたの教育」としての進路指導の立場を踏まえ、生徒・学生の将来の「夢・希望を育てる」ことから進路への関心を育て、自分自身への気づきや長所、強み、可能性の発見とその充実をはかることである。そして、就職や進学に関する情報を収集、比較検討し、主体的に今後の進路を選択する能力を高め、多様な生き方の中から豊かな自己実現に向けて、より適切な進路を進んでいこうとする全過程において、キャリアカウンセリングが実際に行われることが必要であろう。

しかし、このような進路指導の重要な一部を占める、キャリアカウンセリングは「教育相談、適応相談」とは異なる。ここでのキャリアカウンセリングは、学校生活や家庭生活から発生し、深刻な情緒的葛藤問題を含むもの、例えば、友人・異性問題、学校生活への適応問題、健康問題、家庭での親子関係をはじめとする人間関係の軋轢などは、学校のキャリアカウンセリングにおいて扱う問題ではなく、主に心理的、情緒的葛藤に関する問題は、学校では「教育・適応相談」の扱う範囲である。生徒の相談内容がむしろこうした問題の解決にあると判断した場合には、専門の担当者または専門機関への紹介が必要である。

○高校、大学におけるキャリアカウンセリング

キャリアカウンセリングは卒業学年にだけ偏ることなく、一学年から計画的、組織的に実施することが必要である。低学年では、自己理解の促進、キャリア意識の高揚、キャリア開発に関する情報の理解、キャリアプラン、キャリア学習などに関するものが取り上げられる。しかし、高学年では、具体的なキャリア・進路情報、キャリア選択とその決定、就職や進学の手続きや準備、卒業後の生活適応に関する問題などがとりあげられる。

また大学（短大・専門学校）においても、四年生の就職活動を直前にしてのキャリア指導では遅すぎる。できれば、大学入学後の一年生のころから自分のキャリア意識を強化、育成し、大学生活を計画的に送ることの重要性を考えさせ、大学四年間のライフキャリアプランの大枠をつくり、一年生から具体的に実行することを動機づけることが大切である。自分の強み、弱みを理解し、大学の四年間（二年間）をかけて強みを維持、強化し、弱みをどのように補完するか、大学時代に力をいれて取り組む新たな活動（ゼミ活動、学生会活動、サークル活動、ボランテイア活動）などを考えさせる。また、大学卒業後の「職業・生き方」について興味・関心、欲求、価値観、能力・適性など多様な側面から、自分の将来の長い人生を展望しキャリアについて考える機会を与えることは、一年生からでも決して早すぎることはない。すなわち、高校、大学生のキャリア選択における三つの必要条件は、①自己理解、②豊富なキャリア・職業・進学情報、③主体的な意思決定である。

最近の厳しい社会産業状況、雇用情勢のなかでは、学生が適正な自己理解にもとづいたキャリア選択を行えることが何よりも重要であり、そのためには、「学校から職場へ」——（from school to work place）の移行が適切にはかれるよう、就職部職員や専門のキャリアカウンセラーなどによるキャリアガイダンスとともに個別のキャリアカウンセリングがきめ細かく行われることが必要である。

アメリカのある州では、子供時代から自己のキャリア意識を形成し、自分自身のライフキャリアの開発に主体的、積極的に取り組む姿勢をそだてるために、幼稚園から高校三年生までの「キャリア教育プログラム――K to 12」を学校教育のなかで展開し具体的に実践し成果をあげている。まず、幼稚園、小学校では子どもに対し身近な仕事への関心を育てるところからスタートし、親たちの職場を実際に訪問するなどをしながら、キャリアに関する意識を幼い時から教育している。そして、子供達の将来へ向けての「夢・希望」を育て、「いかに生きるか」の視点に立って、今後の進路への意識を高め、将来のキャリア目標の達成を目指し、現実的に努力する姿勢や態度・意欲を育てている。

今後日本においてもこうしたキャリア教育が若い時から行われるための具体的プログラムの開発が必要である。そして、常に自分の長い人生を展望しながら「自己責任」のもとで「自らのキャリアを主体的に開発し形成する」ことの強い意識と意欲を育てることが何よりも必要と考える。

学校におけるキャリアカウンセリングの担当者

中学、高校におけるキャリアカウンセリングはその基本的性格からすべての教師があらゆる機会を捉えてすべての生徒を対象として行うことができるならば、それが最も望ましいことだが、そのためには進路指導主事が中心となってキャリア教育体制を組織化することが大切である。日本の現段階では専門的キャリアカウンセラーの設置は望めないので、その代わりに日頃から生徒ひとり一人をよく理解している学級担任（ホームルーム担当者）が初期対応することが求められる。しかし、高度な専門的知識や進路情報が必要な場合、進学先の高校・大学の情報、企業情報などやその就職活動のしかた手続きなどに関する相談は、進路相談部、就職指導部の専門の担当者や進路指導主事が担当することが望ましいだろう。というのは、成長・発達途上の生徒に対し、その精神的自立や自己理解を促し、主体的な意思決定などを促進、援助する仕事内容は、非常に高度でかつ専門的な仕事であり、カウンセリングの専門的知識やスキルが求められる。

このようなキャリアカウンセリングの専門家を学校に配置できればそれは最も効果的なことであり、キャリアカウンセリングの専門家とその相談室が教育相談室とは別に校内に設けられることが今後の理想であろう。しかし、まだそこまで進歩していない日本の現状を少しでも改善するためには、一般教員の研修の機会をとらえてキャリアカウンセリングの勉強を行い、カウンセリング知識を養い、ロールプレイやスキル訓練を受け、まずは担任がキャリア相談に対応できる資質の向上に努めることが肝心であると考える。キャリアカウンセリングの担当者には、生徒・学生の個人資料についての収集と理解、進路や職業に関する豊富な情報や知識とその提供の仕方や活用の方法（コンピュータの使用法も含む）や前述のキャリアカウンセリングの知識やスキルが求められる。

第二節　産業界におけるキャリア開発とキャリアカウンセリング

今なぜ、キャリアカウンセリングか

産業界はかってのような右肩あがりの経済成長が望めなくなり、低成長経済社会に転換したことにより、経営のダウンサイジング、人件費の削減にともなう人員整理が行われ、これまで日本の雇用慣行といわれた、終身雇用制度が次第に崩壊し、従業員の六十歳定年までの雇用も保障することが難しくなった。また、同時に年功序列制度

を廃止し、成果主義、能力主義にもとづく厳しい評価制度を導入し、実際に成果をあげた人を評価、優遇する制度へと変化した。

同時に企業はＩＴに代表される技術革新、グローバル化による社会環境の激変の中で、他企業との厳しい競争に打ち勝ち、生き残るためには、従業員の人材育成・能力開発を積極的に行い市場価値の高い有能な人材、キャリア競争力のある社員の育成に真剣に力をいれなければならなくなった。

このため、これまで行われていた一律の集団管理は影をひそめ、ひとり一人の個性・適性・能力を見極め、社員のもつ潜在能力を最大限引き出し活かす個別管理方式へと移行してきた。そして、能力、実力ある人を即戦力として活用するための方策として、職種別採用や中途採用も活発に行われるようになった。こうした経営戦略、人事制度の大きな変化によってこれまでの日本の雇用形態は大きく変化し、急激な労働環境の変化のなかで労働者にとっては厳しい時代が到来したといえよう。

これまで日本においてはどちらかというと、企業の指示・命令に素直に受身で従い定年まで企業に依存し、なんとか無事に過ごそうという「企業依存型」の社員がほとんどであった。しかし、現在企業は社員に対し、広く社外の労働マーケットでも通用する実力、能力、スキルをもち、自律的、主体的に働く「自律・自立型社員」になることを要求するようになり、ひとり一人の社員に自律的キャリア開発とそのキャリアマネジメントの「自己責任」を厳しく求めるようになった。こうしたキャリア開発はもともと自己責任に基づくものであり、そういった意味からは「組織主導」から「個人主導型キャリア開発」へとキャリア開発の本来の原点に戻ったと考えられる。

同時に、これまでも時代に対応する「組織ニーズ」とそこで働く人々の「個人のニーズ」を最大限すり合わせ、相互のニーズを統合するシステムやそのための話し合いの場として面談制度などが作られた。このように組織ニーズを達成するかたわらその過程で並行して、個人のキャリア開発、自己実現をサポートするさまざまな人事システムが、日本においても少しずつ企業内につくられ運用されるようになってきているが、そのサポートシステムのひとつとして「キャリアカウンセリング」は存在している。

この他、「キャリアカウンセリング」の社会・産業界での活用としては、不況により大量に発生した失業者の就業支援が現在最も大きな課題である。失業者の不安を受容しながらも、希望する職種、職務内容などを丁寧に聴き取るかたわら、自己理解（興味関心、価値、能力・スキル）をうながし、豊富なキャリア情報の提供を行いながら複数の選択肢のなかから意思決定を行うサポートをし就業支援を行うことがその大切な仕事である。こうしたキャリアカウンセリングサポートにおいては、職業・職務内容と失業者の適性・能力・ニーズとのミスマッチが最大限発生しないように、キャリアカウンセラーはクライエントと充分話し合い、適正なアセスメントによる診断を行いキャリアの方向性をクライエントが主体的に決定できるようサポートすることが欠かせない。

キャリア開発のパートナーシップ

社員の自律的キャリア開発を積極的に支援するためには企業・組織側は、さまざまな条件整備を行う必要があるだろう。まずは経営方針、経営戦略、人的資源管理計画、人事制度と運用システムなどに関して社員に情報公開を行うことがあげられる。中でも、会社が求める人材像、求める能力とその能力水準、評価基準、キャリアパスなどに関する詳しい情報は、個人の自律的キャリア開発の指標となり、今後のキャリア目標設定や選択肢の選択と意思決定の際などに、それらの情報を有効に活用することができる。

組織・企業は個人の自立、従業員のキャリア開発を自己責任と要求するとしても、個人が企業内で自律的にキャリア開発をすべて行うことには限界がある。したがって、従業員のキャリア開発支援をサポートするための方策、支援システムを用意し、整備しなければならない。キャリア開発の組織ニーズと個人ニーズを上手にマッチングさせるためにも、キャリア開発支援活動は、互いの「キャリア開発のパートナーシップ」を効果的に発揮し機能しあうものでなければならないだろう。

そこで、企業と社員の相互の「キャリア開発のパートナーシップ」が機能し相互にｗｉｎ-ｗｉｎの成果が得られるようにするためには、従業員のキャリア開発に関する相談を受け付け、支援を行う「キャリアカウンセリングセンター」「キャリア情報センター」「キャリアマネジメントセンター」などを設ける必要があるだろう。そこでは、直属の上司には相談しにくいことでもなんでも、社員がキャリアに関するあらゆる相談と情報収集が自由にできる場所として機能することが求められる。

「キャリアカウンセリングセンター」は、社内事情に詳しい専門のキャリアカウンセラーによるカウンセリングを受けることにより、社内のキャリア情報の提供を受け、また従業員が自己理解をさらに深め、アセスメント、キャリア目標の設定、選択肢の検討とその意思決定、目標達成への戦略の策定など一連のキャリアカウンセリングのサポートと、キャリアデザインのしかた、キャリア開発のための社内外の研修・訓練情報の提供など幅広いキャリアサポートを行えるようにする。もし、キャリアカウンセリング過程で、社外の労働マーケット情報も必要とする場合には、社外の適切な専門機関に関する情報の提供もできることが望ましいだろう。このような社内のキャリアカウンセラーには、経営情報、社内組織、人事情報、能力開発などに関する知識・情報に詳しいスタッフが、キャリアカウンセリングの知識・技術を専門的に学び訓練を受け、習得した上で、カウンセリングに当たることができればそれにこしたことはない。または、キャリアカウンセリングを学び訓練を受け習得した上で、人事部などを長く経験したOB、各セクションを長く経験したOBなど適切な人をカウンセラーに再雇用し、キャリアカウンセリングの担当者として任用することもできるだろう。

また、キャリアセンターに直接足を運ばなくても、キャリア情報が必要に応じ収集できるよう、コンピュータの社内ネット上でキャリア情報を提供できるインフラを整備することも求められる。社内ネットにアクセスし、事前に必要なキャリア情報を収集し、情報の比較検討を個人がおこなった上で、カウンセラーを訪ね、数多くの選択肢の中での意思決定をカウンセラーとじっくり相談しながら決定することもできるだろう。また「社内公募」に関しても、その応募条件などを明記の上、ネット上で情報を従業員に送り、たえず自由にアクセスできるようにしておくことは、社員がその応募条件にふさわしい自分になるためのキャリア開発目標ともなり、自律的キャリア開発に大いに役立てることができるだろう。他には、逆に社員自らがネット上でキャリア登録し、今後のキャリア希望、異動希望、自分の強みとなるスキル、知識、資格などを積極的にアピールし自分を売り込み登録し、社内における自分の存在を認知させる仕組みをつくることも今後は必要である。こうした社内ネットを活用し、常に個人が主体的に必要に応じてアクセスできる相互の「キャリア情報」に関するホームページをもつことも考えられるだろう。

また今後は、労働移動傾向が高まるなかで、社内に限定されず労働市場全般にまたがる幅広いキャリアカウンセリングが必要になる。そのためには、企業から独立した立場でフリーに活躍する専門のキャリアカウンセラーが求められる。自己の将来のキャリア開発とその方向性を考えたとき、自己の労働市場における価値をよく知り、社外へ転じること、独立することも視野に入れたキャリアカウンセリングを受けることが欠かせない。社内にこうしたサポート機能をもった「キャリアカウンセリングセンター」を置けない場合には、外部のキャリアカウンセラーと提携し社員のキャリア相談に対応する（市場価値の診断などを含む）ことができるシステムをつくることも今後必要である。

部下のキャリア開発における上司の役割

上司（またはメンター）は部下のキャリア開発の責任者である。上司は日頃部下と最も接触する機会が多いことから、部下の日頃の仕事振りを観察しており、また直接の評価者であることなどから、社内のだれよりも部下の能力、成果についてよく理解しているはずである。部下の適性、能力、長所・強み、弱み・改善点、キャリア開発上の課題などについて上司はよく理解していなくてはならない。したがって、上司は専門のキャリアカウンセラーではないが、部下のキャリア開発、育成には常に関心をもち、「目標による管理」制度における、目標設定面接などにおいても今後の部下のキャリア開発を念頭に置き、互いにじっくり話し合い個人と組織の相互ニーズをすり合わせる努力をおこなわなければならない。上司はこうした目標設定、中間面接、評価（フィードバック）面接などを、常に「部下育成・部下のキャリア開発」のための場とし部下のキャリア開発を側面から支援する役割を担うことが求められる。

上司はキャリアアドバイザー（キャリアコーチャー）として、日頃から部下のキャリアに関する相談にも応じ、助言や指導を行うとともに、キャリアゴールに向けて部下を励まし、動機づけることを忘れてはならない。また、上司が対応できる相談範囲を超えている場合には、キャリアセンターの専門キャリアカウンセラーを紹介するのがよいだろう。

こうしたキャリアに関する相談を部下が上司に気軽にできるためには、日頃からの上司への「信頼」がなければならない。そのためには何でも相談できる職場のオープンコミュニケーションを促進すること、上司が「カウンセリングマインド」をもって相談に応じ、何よりも部下の話に耳を傾け、部下を正しく理解するために部下の話を最後まで積極的に「聴く」ことができる上司（グッドリスナー）であることはその基本条件であろう。

しかし、現実にとかく上司は有能な部下、成績のよい部下を手放さない傾向にあるが、部下の今後の長期的キャリア計画、キャリア開発のためには、社内の人材育成、人的資源管理の視点からも、部下の異動を認めることができる度量の広さが必要である。有能な部下は、社内の「人財」であり、今後の部下の成長とキャリア開発、全社内の人材育成の幅広い視点を上司は忘れてはならない。

また、女性のキャリア開発に関してはさまざまな問題が存在している。企業・組織と男性上司が女性労働や女性のキャリア開発に積極的な考え方、認識をもち、女性を真剣に育成しようとする意欲がない場合には、女性社員のキャリア開発、能力開発に問題が生じることが多い。今後、少子化時代を迎えるにあたって、女性労働者は男性と同様に貴重な人材であり、女性が「結婚・出産・育児」の人生課題を乗り越えながら社会で継続して働くことを動機づけ、励まし女性部下のキャリアを長い視点で育てるか否かについては、上司が大きな鍵をにぎっている。企業はいまや女性の発想、創造性、アイディア、センスを積極的に活用しなければ、生き残れない時代である。そのため、今後はさらに女性が働きやすい職場環境づくり・キャリア開発のサポートシステム、女性の能力を活かせる人事制度、仕組みづくりがぜひとも必要である。

キャリアマネジメント、キャリアデザイン教育と研修

社員に自己のキャリア意識を強化し、キャリア開発、キャリア形成に対する自律性をもたせるためには、節目となる重要なライフステージ、キャリアステージごとに、一度ゆっくり立ち止まり、自己対峙する機会を与えることが必要である。本来自分自身のキャリアマネジメントは、企業（他者）から促されて行うものではなく、主体的・自律的に自己管理するものではあるが、日々多忙な業務に追われ自らのライフキャリアについて考える心のゆとり、時間的余裕がないのが社員の実態であろう。

そこで、日常業務を離れじっくり自己対峙し、自分のライフキャリアについて考えることの第一の目的は、過去・現在・未来を展望しながらの深い「自己理解」である。

まず第一の作業は、これまで「過去」の自分が歩んできた道、また「現在」歩んでいるキャリア、その中でも最も自分が意欲的に働き、やりがい、生きがいを感じた職業、職務は何か、さまざまな経験（仕事だけではなく、地域活動、ボランテイア活動、趣味活動なども含む）を通して得られた能力、知識、スキルなど全体をまとめ、整理する。こうしたキャリアを紙に「書き出す」ことは、客観的に自己分析し、論理的、かつ冷静に自己洞察し、自らを概観し、問題発見、整理し思考するために非常に有効な方法である。

この時、自己分析によるアセスメント（自己診断）だけではなく他者（周囲）―上司、先輩、部下、同僚、家族などからもアンケートをとり、研修のなかでそのフィードバックを返し、客観的な自己理解を促すことも効果的である。フィードバックを通して、他者から見た、「自分の強み」は何か、「改善すべき点」は何か、「期待されていること」は何かなどを理解するとともに、他者認知と自己認知のギャップとその原因などを検討することに意味がある。

また、こうした過去、現在の自分自身の振り返りをじっくり行った上で、将来の自分に目を向け、今後のキャリア目標と目標達成のための戦略、具体的アクションプランをたてる。そこでの重要点は、①自己ニーズと②企業組織のニーズをうまく統合することに他ならない。すなわち、将来、今後「自分は何がしたいのか」「自分はどのような生き方をしたいのか」「何に興味関心をもっているのか」など、自らの「価値観、欲求・動機、興味・関心」にもとづくキャリア目標とともに、企業から「自分は何を求められ」、「期待される役割とは何か」、「責任・課題は何か」、さらに今後「開発すべき能力は何か」などを統合したキャリア目標を設定しキャリアデザインを行うことが大切である。

こうした研修やワークショップは、年齢的には二十代、三十代、四十代、五十代とそれぞれのキャリアステージにあわせた時期を設定すると良い。これまでを振り返るとともに今後のきたるべき次期ライフステージ、次期キャリアステージを展望できる節目がふさわしい。しかし、企業によっては人事制度との兼ね合いを検討したうえで、キャリアデザイン研修の適切な時期を設定すると良いだろう。

しかし、シーヒー（Sheehy, G）も指摘しているように、現在最も重要で核になる年は、三十代半ばから四〇代半ばまでの一〇年間であろう。この一〇年間は「締め切りの一〇年」とシーヒーが述べているように、最終的な自分のキャリアゴール、キャリアアンカーを明確化し、キャリアアイデンティティにもとづき、自己のキャリアの方向性を最終決定する重要な一〇年である。また、ユング（Jung, C）は四十歳を「人生の正午」と称し、人生が午前から、後半の午後へ転換する重要な節目であるといっている。

こうした発達心理学的観点から、キャリアデザインの研修は二十代後半、三十代半ば、四十代半ばなど各年代の半ばから後半が相応しい。特に欠かせない最も重要な時期は三十代半ば、または四十歳を前にした三十代後半であろう。このときには誰もが、一度立ち止まり自分のキャリアを振り返るとともに、今後のキャリアを展望しライフキャリアの再デザイン（人生再設計）を行うことが欠かせない。

ライフキャリアの重要な節目節目におけるキャリア研修では、「自己への深い気づき」が何よりも重要である。人は「自己への気づき」によって変容する。気づかない人は変わらない。したがって、研修参加者が気づきを深め、キャリア研修を通じて意識、行動変容がおきることが真のねらいである。そのためには、講義、自己分析、他者からのフィードバックだけではなく、「グループによる活発な話し合い」が大切である。人は「他者の話を聴き、自己と照らし合わせ」そして「自分について他者に語る」ことを通じて、自己洞察を行い気づきを深めることができる。

このようなキャリアデザイン研修では、希望者にはキャリアカウンセリングを個別に受けることもできるようにするとよい。自分のキャリアについてカウンセラーに相談し、さまざまな情報提供を受けながら、今後のキャリアデザインや意思決定ができるような支援を行える環境を研修のなかで準備することが必要である。

その後、研修で作成したキャリアプランは毎年見直し、進捗状況、目標達成度などについてチェックし、「目標による管理――ＭＢＯ」面談などで、業務目標とともにキャリア目標についても、上司とともに検討、確認しあうことがなければ、「絵に描いた餅」になってしまうだろう。こうした部下との面談を通して、上司は部下のキャリア開発に常に関心をもち、目標達成に向け部下を励まし、強く動機づけることを忘れてはならない。

第九章 キャリアカウンセリングに求められるもの

第一節　キャリアカウンセラーの条件

今日のように社会環境の変化が激しく、変化のスピードも非常に速いなかで人々のライフキャリアに関する相談に対応するためには、キャリアカウンセラーは多くの知識、情報、スキル、さまざまな経験などがもとめられる。そこで、キャリアカウンセラーに求められるものは何かについて多角的にとりあげてみよう。ただし、ここで述べるキャリアカウンセリング、キャリアカウンセラーとは、カウンセリング分野の高度な専門職であることを前提とし、そのための条件をとりあげる。

① キャリア理論、キャリア発達理論などキャリアに関する知識を有する

② キャリアカウンセリングの知識・スキルをもつ……カウンセラーとしての基本的姿勢・態度を有し、クライエントと信頼関係にもとづく人間関係を築くことができ、さまざまなカウンセリング理論にもとづくアプローチ方法を理解していること、基本的なキャリア支援プロセスに習熟し、カウンセリングスキルを用いて相談に応じ、キャリア形成を支援することができる

③ 心理学、行動科学に関する基本的な知識を有する
人間の心理、欲求、発達、行動などについて幅広く基本的知識をもち、深い人間理解をもとにそれらの知識をキャリアカウンセリングに活用できる

④ 経営・人事制度、労務管理、人的資源管理、人材開発、能力開発などの分野に関する知識をもつ
組織内であれば、その組織における経営方針、経営戦略、人事制度、人的資源管理、人材育成、能力開発などに関する情報、知識をもつ

⑤ メンタルヘルスの知識をもつ
心の病気の種類、その症状、初期対応などについての知識を有し、とくに症状の見極め（見立て）と適切な初期対応ができる

⑥ 多様な人々へ対応できる……若者、中高年、女性、障害者など多様な人々の個別ニーズを正しく理解し、それに応じた情報提供やサービス（キャリアサービス）を提供できる

⑦ 倫理上、法律上の問題の理解……カウンセラーの倫理規定、特に秘密の保持などを遵守し、現行の法的規制を把握している

⑧ キャリア開発支援のネットワークをもつ……キャリアカウンセラーのネットット

ワークだけではなく、キャリア開発に関連する各種の専門機関、専門家と互いに情報交換し、相互支援、協力しあい、専門性を高めあうことができる

⑨ アセスメントができる……フォーマル・インフォーマルアセスメントを実施でき正しく解釈、評価できるスキル、アセスメント知識をもつ

⑩ コンピュータを利用できる……コンピュータとその周辺機器を理解し使いこなせる、ウェブサイトを利用したサービスやデータベースを理解し、これをクライエントとともに活用したり、サイトの利用法を教授できる

⑪ 労働市場情報（進学情報、進路指導情報）と情報資源を活用できる……労働マーケットやキャリア開発に関する情報、進学情報、その動向を理解している、最新の情報資源を活用できる

⑫ 就職活動支援のスキルをもっている……求職活動上有効な戦略や求人者紹介のスキルを有しており、それをクライエントに教えることができる

⑬ 研修・訓練ができる……キャリア開発のための研修、スキルを習得させるための訓練、教育などができる、就職活動のための効果的履歴書の書き方研修、面接の受け方の研修などができる

⑭ キャリア開発プログラムの実施と管理……キャリア開発プログラムの開発、実

施、管理をおこなうことができる

⑮ キャリア開発の普及と宣伝活動ができる……キャリア開発の必要性を広く宣伝し皆にキャリア開発の重要性が認知されるように積極的に活動する

以上、高度な専門職としてキャリアカウンセラーに求められる条件をのべたが、キャリアカウンセラーにはこのような多様な深い知識、スキルが求められる。しかし、臨床的なメンタルなカウンセリング分野だけをこれまで担当してきた心理カウンセラーには、経営・労働・人事・能力開発などに関する知識に欠けていることが多いため、カウンセリングのなかで、クライエントにキャリア情報を提供したり、目標設定、戦略の策定などのサポートを行うことはなかなか難しい。したがって、社内のキャリアカウンセラーとしては、企業の置かれている経営状況、人事など内部情報を有する人を専門的なキャリアカウンセラー（キャリアアドバイザー）として育成することが最も効果的であろう。

アメリカの大学のキャンパスには、キャリアカウンセリングコースの大学院修士課程に席をおく、企業の人事、能力開発部門などのビジネスマンが非常に多く、夜間の大学院でキャリアカウンセリングの講義・訓練を受け、キャリアカウンセラーの資格試験取得に向け勉学に励んでいる産業人たちを多くみかける。（アメリカでは、キャリアカウンセラーの資格を取得するためには、大学院修士課程を修了することが前提条件となっている。）

日本においても、社会環境変化による時代の要請もあり、産業界でキャリアカウンセラーを志望する人が多く見受けられるが、キャリアカウンセリングはメンタルなカウンセリングに比較すると簡単にでき、カウンセラーとしてもたやすくクライエントに対応し活動できるという誤った認識を持つ人が多い。しかし、ここでキャリアカウンセラーに求められる要件を概観したように、キャリアカウンセラーとして、激変する社会環境の中でクライエントのさまざまなニーズに適切に対応することができるためには、カウンセラーとしての資質に加えて非常に幅広く、かつ深いさまざまな知識とスキルが求められる。

現在のキャリアカウンセラーの養成カリキュラムを見ると、キャリアカウンセリングのスキル教育に偏る傾向があり、それ以前の人間理解、人間の心理、行動、発達、メンタルヘルスなどの問題に対する深い知見がなおざりにされているように感じている。このあたりの問題は今後のキャリアカウンセラー養成に当たり、検討し、考慮しなければならない点である。

第二節　キャリアカウンセラーの資格

日本では本格的なキャリアカウンセリングの歴史もまだ浅く、キャリアカウンセラーの資格そのものも確立されておらず、学会の認定カウンセラーや民間団体が主催するキャリアカウンセリング講座終了の受講生に与えられる民間団体認定資格などがあるだけであり、国家資格に相当するキャリアカウンセラーの資格はまだ存在せず、現状では多少の混乱が存在している。

キャリアカウンセリングの発展の地であるアメリカでは歴史も長くキャリアカウンセラー資格を設けているが、ここではそれを参考に見てみよう。

アメリカにおける正式なキャリアカウンセラーは、大学院の修士課程において六〇単位を取得し、カウンセリング修士号を取得してなければならない。修士課程では二学期間の実地インターン研修をおこなうことが課せられている。修士課程修了後、定められた規定にのっとり、スーパーバイザーのもと実習訓練としてキャリアカウンセリング経験（カリフォルニア州では一五四〇時間）をしなければならないことになっている。その後、専門家二名の推薦により、カウンセラー資格試験を受けることができ、その結果合格すれば、アメリカ公認カウンセラーNCC（National Certified Counselor）、NCCC（National Certified Career Counselor）の資格が与えられる。

アメリカの大学院修士課程におけるキャリアカウンセリング専攻コース（カリフォルニア州立大学大学院キャリアカウンセリングコース）では、カウンセリング理論、異常心理学、発達心理学、コミュニケーション、グループカウンセリング、キャリアアセスメント、キャリア発達理論、キャリア開発、キャリアカウンセリングプロセス、キャリアシステム開発、キャリアプログラム開発、カウンセリングの法的問題、人種とカウンセリング、キャリアにおけるジェンダーとセクシャリティ、キャリアカウンセリング演習などが含まれており、非常に高度な専門的な学習とトレーニングが二年間行われる。アメリカではいかにキャリアカウンセラーを高度な専門的職業として位置付けているかが、大学院におけるこのようなカリキュラム内容、資格制度からも推察することができる。また、キャリアカウンセラー資格取得後も継続して自己研修が課せられており、五年間で百単位を取ることが義務づけられ、資格の維持・継続にも厳しい基準を設けている。

アメリカでは、高校、コミュニテイカッレジ、大学など教育機関で進路指導にあたるキャリアカウンセラーを始めとして、地域の職業紹介相談所（キャリアセンター）、企業のキャリアセンターなど社会のあらゆる場所においてキャリアカウンセラーは活躍し人々のキャリアの相談にあたっている。また、個人開業しているキャリアカウンセラーも多く、自分のオフィスでクライエントのさまざまなキャリアに関する相談にあたると同時に企業のコンサルティング活動などに従事している。

おわりに

今や人生八十年時代を迎え、だれもが単に長いだけの人生ではなくその内容が豊かであること、充実していること、そして楽しいことを望んでいる。しかし、現実にわれわれが日々生活する現在の社会経済環境は、いまだかって経験したことの無い厳しい現実の姿として目の前に横たわっている。殊に、失業率のアップ、中高年労働者の自殺率のアップを例に出すまでもなく、働く人々にとっては自らの雇用を確保する不安、現在有している知識、スキルの陳腐化に対する不安、今後のキャリアの方向性・展望に対する不安などさまざまなキャリアにまつわる悩みや葛藤を抱え苦しんでいる。同様にこうした社会背景を感じ取り就職・進学を控えた学生達も今後の進路・キャリアの方向性について悩み不安を隠せないでいる。

労働事情の異なる欧米と比較すると日本においてはその経営管理・雇用制度の特性から、これまで個人のキャリア自律（自立）とキャリア開発・就業支援に関するサポートを行う本格的なキャリアカウンセリングの必要性が今日ほど強く意識されてこず、キャリアカウンセラーの教育・養成もなされてこなかった。しかし、近年厳しい経済状況に見舞われ個人、企業・組織はキャリアカウンセラーの支援を切実に求めている。こうした窮状と時代の強いニーズに少しでも応え、有効に活用していただくことを願い拙著は出版された。

筆者は臨床心理士として数多くのクライエントのカウンセリングを担当するなかで、いかに個人にとってキャリア問題は大きな位置を占め、キャリアに関する葛藤が非常に大きな心理的マイナス影響をもたらすかを痛感した。このためメンタルなカウンセリングに加えキャリアカウンセリングを学び修得する必要性をカウンセラーとして切実に実感し、米国カリフォルニア州立大学教育学部カウンセラー教育学科の大学院、キャリアカウンセリングコーズ修士課程に留学し、キャリアカウンセリングを基礎から学習したという経緯をもつ。日本とは社会労働事情が異なるとはいえ、アメリカの大学には社会人が数多く在籍し、社会に出てからも学習を継続し自らを絶えず磨き育て、キャリア開発・能力開発を主体的積極的に行う人々を目の当たりにした。「キャリア開発は自己責任」、「自分の雇用は自ら守る」という前向きな厳しい凛とした人生態度がうかがえ、日本人とは異なる個人のキャリア意識の差を痛感させられた。

こうした個人のキャリア形成とキャリア開発に対する主体的・自律的意識、姿勢・具体的行動を育成し、個人が実際にその効果（能力）を社会においていかんなく発揮できるようにするためには、個人を側面からサポートする支援体制の整備が社会、企業・組織、教育現場において欠かせない。企業・組織においては急に手のひらを返したように「キャリア開発は自己責任」と社員をただ突き放すだけで、キャリア自律を温かく支援し見守る体制やシステムを用意しなければ、社員をただ不安にさせるだけでかえってモラールダウンを招きかねないだろう。そのためには「キャリア開発のパートナーシップ」を結び、相互にｗｉｎ‐ｗｉｎの成果が得られるようなキャリア支援システム、キャリアカウンセリングサービスを提供することが必要である。

こうした個人のキャリアに対する強い意識と行動を育てるためには、何よりも学校における若い次世代の「キャリア教育」とそのありようが問われるところである。今後は学校現場においてもキャリアカウンセリング機能が充実し生徒・学生達のキャリア形成・開発を側面からサポートする体制が整備されることを願わずにはいられない。若い人たちはひとり一人が社会の貴重な財産であり、そのもてる潜在能力を引き出し、存分に発揮できる社会環境をつくることはわれわれ大人の次世代の若者達に対する重要な責任であろう。

最後に繰り返すが、「キャリア」は仕事のみを指すものではない。キャリアは個人の「人生・ライフ」そのものである。個人の顔がそれぞれ異なるように、個人のライフ・キャリアも多様であり、一概に「良いキャリア、悪いキャリア」もなければ「優れたキャリア・劣ったキャリア」もない。現在、社会・個人の価値観、価値基準は複雑に多様化しており、一律にキャリアの優劣を測る尺度はないのである。要するに、それぞれ個人によって幸福の価値基準と尺度が異なるように、個人に満足と充足を与える「内的キャリア」（心理的満足をもたらすキャリア）は外的な基準に基づく「外的キャリア」とは異なる。すなわち、大切なことは自分の人生に対する価値観、生き方の価値を何に置くかである。自らの精神的満足感は個人内部に存在しており、他人との外的条件（地位、収入、職種……）などの比較の上に成り立つものではないことは明らかである。

こうした観点から人生を楽しく豊かに充足するためには、どのような状況に遭遇しても「自らとそのライフキャリアを最後まで大切に育てること」に他ならない。死に至るまで人生を共にし、最後まで連れ添うのは他でもないまさに「自分自身」だからである。「育自」に終わりはない。また、自分を大切にすることは、同時に他者の多様な生き方・違いをも受容し認め合うことでもある。なぜなら、唯一絶対のキャリアはないからである。

最後にもう一度ライフキャリアに必要な四要素を振り返ってみよう。それはハンセンも指摘するように「ワーク（このワークにはライフワークやボランティアワークも含む）・楽しみ・学習・愛」（Work, Play, Learning, Love）である。これらを絶えず意識しながら、「自分らしさ」を常に大切にし、自分だけのオリジナルなライフキャリアを創造したいものである。

これまで多くのご指導をいただいたカリフォルニア州立大学のカールトン教授（DR. Nancy Carlton）、また直接多くの示唆をいただいたジェラッド博士（DR. H. B. Gelatt）に心から感謝をささげ、お二人の益々の今後のご活躍をお祈りいたします。

宮城　まり子

主要引用文献

- Brown, D. & Brooks L., "Career Counseling Techniques", Allyn and Bacon, 1990
- Gysbera N. C., Heppner, M. J. & Johnston L. A. "Career Counseling, Process ; Issues and Techniques "Allyn and Bacon, 1997
- Gelatt, H. B. "Decision Making, Conceptual Frame of reference for Counseling," Journal of Counseling Psychology 9. 1962
- Gelatt, H. B. "Positive Uncertainty : A New decision making framework for counseling." Jouranal of Counseling Psychology, 1986
- Gelatt, H. B. : Creative Decision Making. Using Positive Uncertainty "Criep Publications, Inc. 1991
- Hansen, L. S "Integrative Life Planning : Critical tasks for Career Development and changing life patterns" Jossey & Bass Publishers, 1997
- Herr, E. L. & Stanley, H. C. "Career Guidance and Counseling Through the Lifespan" Harper Collins College Publishers, 1996
- Issac L. E. & Brown D. "Career Information, Career Counseling and Career Development" Allyn and Bacon, 1996
- Kummerow J. M. "New Directions in Career Planning and the Workplace ; Practical Strategies for Career Management Professionals" Davis Black Publishing 2000
- Schlossberg, N. K. ; "Counseling adults in transition ; linking practice with theory" New York ;

Springer 1984
・Scholssberg, N. K., "A Model for analyzing human adaptation to transition, : Counseling Psychologist, 1981
・Sharf, R. S. "Applying Career Development Theory to Counseling" Brooks / Cole Publishing Company, 1996
・シャインE. H.　『キャリアダイナミックス』二村敏子他訳 白桃書房　一九九一
・佐々木土師二編『産業心理学への招待』有斐閣　一九九八
・中西信男『ライフキャリアの心理学、自己実現と成人期』ナカニシャ出版　一九九五
・日本進路指導学会編『キャリアカウンセリング』実務教育出版　一九九六
・日本産業カウンセリング学会編『産業カウンセリングハンドブック』金子書房　二〇〇〇
・宮城　まり子『ライフキャリアの開発とキャリアカウンセリング、生涯発達の視点より』組織科学33巻、一九九九
・ルイスJ. A.　『アメリカの産業カウンセリング』中澤次郎他訳　日本文化科学社　一九九七

【著者略歴】
宮城　まり子（みやぎ　まりこ）
現職　法政大学キャリアデザイン学部教授、臨床心理士
慶応義塾大学文学部心理学科卒業、早稲田大学大学院文学研究科心理学専攻修士課程終了、病院臨床（精神科、小児科）、教育研究所研究員、教育相談員などを経て、産能短期大学専任講師、助教授、その後産能大学経営情報学部助教授となる。1997よりカリフォルニア州立大学大学院教育学部カウンセラー教育学科に研究留学、キャリアカウンセリングを中心として、家族（MFC）カウンセリングなどを研究。
専門は、臨床心理学、生涯発達心理学、産業・組織心理学、キャリア心理学。
主著、翻訳、論文としては『対人能力を伸ばせ』（産能大學出版）『目標達成と動機づけのマネジメント』（ダイヤモンド社）、『心理学』『コミュニケーション』（産能大学通信教育部）『職場のメンタルヘルス』共著、（駿河台出版社）『キャリアサポート』監修、（駿河台出版社）「中間管理者へのカウンセリング教育の意義とその効果」（産業カウンセリング研究第１巻１号）「キャリア開発のサポートシステムとしてのキャリアカウンセリングに関する考察」（産能大学紀要第20巻第１号）「ライフキャリアの開発とキャリアカウンセリング一生涯発達の視点より」（組織科学188巻２―1999）
現在、日本産業カウンセリング学会常任理事、産業組織心理学会理事などをつとめる。

キャリアカウンセリング

●――2002年４月１日　初版第１刷発行
●――2014年４月10日　　第22刷発行

著　者――宮城まり子
発行者――井田洋二
発行所――株式会社　**駿河台出版社**
〒101-0062 東京都千代田区神田駿河台３－７
電話03（3291）1676番（代）／FAX03（3291）1675番
振替00190-3-56669
製版所――株式会社フォレスト

《21世紀カウンセリング叢書》
［監修］伊藤隆二・橋口英俊・春日喬・小田晋

キャリアカウンセリング
宮城まり子

近年厳しい経済状況に見舞われている個人、企業、組織はキャリアカウンセラーの支援を切実に求めている。本書はキャリアカウンセラー自身の本格的なサポートをするために書き下された。

本体１７００円

実存カウンセリング
永田勝太郎

フランクルにより提唱された実存カウンセリングは人間の精神における人間固有の人間性、責任を伴う自由を行使させ、運命や宿命に抵抗する自由を自覚させ、そこから患者独自の意味を見出させようとするものである。

本体１６００円

ＡＤＨＤ（注意欠陥／多動性障害）
町沢静夫

最近の未成年者の犯罪で注目されているＡＤＨＤについて、90年代以後の内外の研究成果をもとにＡＤＨＤとは何かにせまる。そして、この病気にいかに対処するか指針を示してくれる。

本体１６００円

芸術カウンセリング
近喰ふじ子

芸術カウンセリングとは言語を中心とした心理療法を基本に芸術（絵画、コラージュ、詩、歌）を介したアプローチをしてゆく心理療法のことである。

本体１６００円

産業カウンセリング
石田邦雄

産業カウンセリングは運動指導・心理相談・栄養指導・保健指導などの専門スタッフが協力して働く人の心身両面からの健康保持増進を図ろうとするものである。

本体１６００円

ＰＴＳＤ ポスト・トラウマティック・カウンセリング
久留一郎

トラウマとは瞬間冷凍された体験だ。それを癒すには凍りついた体験を解凍し、従来の認知的枠組みの中に消化吸収してゆくことだ。

本体１７００円

《21世紀カウンセリング叢書》
［監修］伊藤隆二・橋口英俊・春日喬・小田晋

構成的グループ・エンカウンター

片野智治

いろいろな集中的グループ体験のことである。他者とのふれあいを通してある特定の感情、思考、行動のとらわれなどから自分自身を解放し、人間的成長を目標としているのである

本体1700円

家族療法的カウンセリング

亀口憲治

家族を単に個人の寄せ集めと考えない。むしろ複数の家族成員と同席で面接を行うことによって、互いの関係を直接確認できる。その結果、家族関係をひとつのまとまりのある「心理系」として理解する見方が定着、その見方を基にして、問題の解決へ向けた具体的な援助技法が生み出されてきた。

本体1800円

間主観カウンセリング

伊藤隆二

本書は長年臨床心理学にたずさわってきた著者が身をもって体験してきた結果得た知識を基にして、現代心理学のゆきづまりを打破すべく鋭くその欠点を批判し、その結果、新たな心理学の確立をめざそうとする意欲的な心理学書である。

本体1800円

人生福祉カウンセリング

杉本一義

カウンセラーと、クライアントは一つの出会いによって人生の道連れとなり、共に歩いてゆくのである。本書は、人間が人間として生きる上で最も重要な人間性の活性化と充足を助ける幸福援助学である。

本体1900円

ZEN心理療法

安藤治

この療法は科学的、合理的、論理的検討の潜りぬけ、もはや宗教的修行ではない、日常生活のなかに「気づき」の機会を自分にあたえることができよう。

本体1900円

自殺予防カウンセリング

藤原俊通
高橋祥友

絶望的な感情を誰かに打ち明けようとしている「孤独の魂の叫び」を受け止められれば自殺予防が可能なのです。

本体1700円

《21世紀カウンセリング叢書》

［監修］伊藤隆二・橋口英俊・春日喬・小田晋

親業《おやぎょう》トレーニング

近藤千恵
久保まゆみ　編

親業に出会うことで親子関係が客観的にとらえられるようになり、その関係についての体験学習を通してコミュニケーションスキルが高まるのです。

本体1900円

クライエント中心のカウンセリング

佐々木正宏

C・ロジャースにより提唱された理論を再検討し、それを発展させようとする。

本体1700円

自己愛性人格障害

町沢　静夫

現代は自己が脆弱化している。それを防衛しようと、逆に自己は発達停止と誇大化をおし進める。

本体1700円

言語障害カウンセリング

府川　昭世

言語学、心理学の知見だけでなく、言語病理学、音響学、認知科学の情報が結集。

本体1700円

生きがいカウンセリング

鶴田　一郎

アウェアネス、了解、同行、変革体験と生きがいとの関係を考察。

本体1700円

気づきのホリスティック・アプローチ

中川　吉晴

気づきは私たちの経験のなかに入ってゆく。ふだん抑圧されたり無視されたりした経験を明るみに出し、意識に統合する。気づきはスピリチュアルな次元まで到達する。

本体1800円

《21世紀カウンセリング叢書》
［監修］伊藤隆二・橋口英俊・春日喬・小田晋

朗読療法

橋　由貴

心のバランスを失った人たちに対し、朗読の癒しの効果を通して、心の力を取り戻す支援をする。

本体1900円

アニマル・セラピー

川添　敏弘

獣医であり臨床心理士である著者が人間がいかに動物によって癒されるか事例をもって示してくれる。

本体1800円

ストーカー

村上千鶴子

ストーカーになるのは、親以外の依存対象、つまり愛情深い親の代替人格を求める心性の持ち主である。

本体1900円

ゲシュタルト療法 その理論と心理臨床例

倉戸ヨシヤ

心労・過労により自分自身が挫折にまで追い込まれていることを体感出来なかったものが、はじめてそれに気づいたとたんに感動と興奮を覚える。

本体1800円

《人間の発達と臨床心理学》

伊藤隆二・橋口英俊・春日喬　編

第1巻　生涯発達と臨床心理学

第1章　生涯発達の心理　第2章　心理的問題の縦断的考察　第3章　心理的問題の診断　第4章　主な心理療法　精神分析療法／来談者中心療法／行動療法／認知療法／論理療法／ゲシュタルト療法／催眠療法／イメージ療法／交流分析／内観療法／自律訓練法／森田療法／家族療法／集団療法／サイコドラマ／遊戯療法／箱庭療法とコラージュ療法／絵画療法／音楽療法／東洋医学的心理療法

本体３３０１円

第2巻　乳幼児期の臨床心理学

第1章　乳幼児期の発達心理　第2章　乳幼児期の心理的問題の理解　第3章　乳幼児期の心理診断　第4章　乳幼児期の心理治療　妊娠期の精神的問題とその対応／産褥期精神障害／初期発達障害／授乳障害／夜泣・夜驚／基本的生活習慣／乳幼児の心因性疾患／食事の問題／言語の問題／退行／反抗／性器いじり／嘔吐／内閉／ことばの遅れ　第5章　乳幼児期の精神的健康のために

本体３８００円

第3巻　学齢期の臨床心理学

第1章　学齢期の発達心理　第2章　学齢期の心理的問題の理解　第3章　学齢期の心理診断　第4章　学齢期の心理治療　吃音／緘黙／排泄の問題／呼吸困難／耐性虚弱／多動／学習障害／神経性習癖／肥満／劣等感／心身症的問題（頭痛・腹痛・嘔吐・頻尿）／脱毛／抜毛／自慰／登校拒否／いじめ／盗み　第5章　学齢期の精神的健康のために

本体３８００円

第4巻　思春期・青年期の臨床心理学

第1章　思春期・青年期の発達心理　第2章　思春期・青年期の心理的問題の理解　第3章　思春期・青年期の心理診断　第4章　思春期・青年期の心理治療　反抗／家庭内暴力／受験ノイローゼ／怠学／盗み／薬物乱用／青少年の心理機制とその事例研究／自信喪失／集団参加困難／思春期やせ症／アパシー／不定愁訴／性器劣等感／対人恐怖／自殺　第5章　思春期・青年期の精神的健康のために

本体３８００円

第5巻　成人期の臨床心理学

第1章　成人期の発達心理　第2章　成人期の心理的問題の理解　第3章　成人期の心理診断　第4章　成人期の心理治療　夫婦面接／嫁・姑の葛藤／児童虐待／モラトリアム／劣等感／孤立／不定愁訴／うつ／対象喪失／アルコール依存／性的逸脱／エイズカウンセリング／テクノストレス／出社拒否／過剰適応　第5章　成人期の精神的健康のために

本体３４００円

第6巻　老年期の臨床心理学

第1章　老年の心理　第2章　老年の心理的問題の理解　第3章　老年の心理診断　第4章　老年期の心理治療　身体変化／不定愁訴／家族間の葛藤／痴呆／被害妄想／生きがいの喪失／対象喪失／不治の病／死の不安／心身症／神経症／うつ／老年期の自殺　第5章　老年期の精神的健康のために

本体３１０７円